골프 규칙을
어떻게
이해할 것인가

골프 규칙을
어떻게
이해할 것인가

인　쇄 | 2016년　3월 29일
발　행 | 2016년　4월　5일

지은이 | 최진하
발행인 | 부성옥
발행처 | 도서출판 오름
등록번호 | 제2-1548호 (1993. 5. 11)

주　소 | 서울특별시 중구 퇴계로 180-8 서일빌딩 4층
전　화 | (02) 585-9122, 9123 / 팩　스 | (02) 584-7952
E-mail | oruem9123@naver.com

ISBN　978-89-7778-459-8　13690

골프 규칙을
어떻게
이해할 것인가

최진하 지음

Comprehensive Understandings on the Rules of Golf

Jinha Choi

ORUEM Publishing House
Seoul, Korea
2016

머리말

　이 책을 출판하기에 앞서 꽤나 망설였다. 망설일 이유는 많았다. 이 책에 흥미를 느낄 독자층은 지극히 한정되어 있다. 게다가 이 책은 골프 애호가라면 누구나 쉽게 읽을 수 있는 골프 규칙에 대한 입문서도 아니면서 개별 규칙에 대한 해설서도 아니다. 골프 규칙을 너무나 진지하게 학문인양 다루고 있다는 비평도 피하고 싶었다. 무엇보다도 원고 준비도 충분히 만족스럽지 못했을 뿐만 아니라, 다루어야 할 주제 역시 많이 남아 있었다.

　그럼에도 불구하고 이 책을 출간하기로 마음을 바꾼 것은 두 가지 이유 때문이다. 첫 번째로 이번에 미루면 2년 뒤에나 다시 시작해야 되는 현실적 상황을 감안하였다. 일종의 판례집인 골프규칙재정은 2년마다 개정된다. 골프 규칙은 4년마다 바뀌는데, 재정집과 규칙집이 함께 바뀐 올해가 골프 규칙에 관한 책을 출간하기에 적절한 타이밍이라고 생각했다.

완벽하게 준비는 안 되었을지라도 논의를 시작할 수 있는 대상으로 삼고자 이 책을 출판하기로 마음을 바꿨다. 출간한 책이라도 있어야 2년이나 4년 뒤에 수정하고 보완할 수도 있을 것이 아닌가 하는 생각도 들었다. 이런 생각들로 2015년 11월에 영어 재정집을 구하였고 이후 5개월여 씨름한 결과가 바로 이 책이다.

마음을 바꾼 두 번째 이유는 골프 규칙을 관장하는 영국과 미국의 레프리 스쿨을 이수하면서 느낀 충격들을 골프 규칙 애호가들과 함께 나누고 싶어서였다. 두 나라의 골프 규칙 전문가들은 골프 규칙의 문안(text) 속에 나오는 단어들(words)을 세고 있었다. 영어를 모국어로 쓰고 있는 전문가들이 단어수를 세고 있다니 충격으로 다가왔다. 2만 7천여 단어들이 허투루 쓰여 있는 것은 아니었으며, 치열한 고민의 결과라는 깨달음이 다가왔다. 이러한 고민의 결과로 규칙 26조 2항이 이해하기 쉽도록 다시 쓰여졌을 것이고, 살아 있는(animate)이라는 단어를 개정된 재정(19-1/7) 속에서 부연 설명하게 만들었을 것이다.

영국과 미국의 골프 규칙 전문가들은 역사를 중시하고 있었다. 골프 규칙은 270여 년의 세월의 무게를 견뎌오면서 진화해 왔다. 영영 사라진 규칙 조항도 적지 않다. 부침을 거듭하면서 살아남은 조항도 있다. 영미 전문가들은 그 명멸 과정을 꿰뚫고 있으면서 현재 속의 의미를 잊지 않고 있음을 느꼈다. 예를 들어, 이번에 새로운 재정으로 편입된 재정 20-7/4(플레이 금지 구역에서의 스트로크)를 논의하면서 2004년부터 2009년까지 편입되어 있었던 재정 25-3/2의 의미를 거론하는 전문가도 있었다. 역사는 과거와 현재의 대화라는 진부한 격언을 들먹이지 않더라도 골프 규칙의 진화 과정을 그냥 흘려보내지 않는 그 치열함이 부러웠다.

영국과 미국의 골프 규칙 전문가들은 집단 지성을 추구하고 있었다. "위원회"라는 단어 속에는 "현자들로 이루어진 원탁회의"라는 이미지가 강하게 스며들어 있음을 느꼈다. 메이저 대회를 다년간 경험한 경기위원들이 모여서 위원회를 구성하고 있었다. 여기서 내리는 재정이 최종적인(규칙 34조 3항) 것이다. 골프 규칙에 정통하고 경험이 풍부한 경기위원들로 구성된 위원회의 품격이 마냥 부러웠다.

골프 규칙을 전공영역으로 삼고 있는 한 사람의 학도로서 마냥 부러워만 하고 가만히 있을 수는 없었다. 우선 영국과 미국의 골프 규칙 전문가들이 생각하는 방식들(Ways of thinking)이 무엇인지를 정리해 보고자 했다. 이러한 작업을 통하여 골프 규칙의 구성인자(Template), 용어의 내부적 정의(Internal definitions), 코스의 서열(Hierarchy), 불공평한 대상(Things unfair), 회귀(Regression) 등의 새로운 아이디어들을 이 책에서 소개하고자 한다. 비록 한국에서는 다소 생소한 개념들이긴 하지만 이제부터는 익숙한 개념이 될 수 있기를 희망해 본다.

이 책에서는 용어의 정의를 분석하는 데 세심한 주의를 기울였다. 골프 규칙에서 용어의 정의가 3층 구조로 되어 있다는 점을 밝혀냈다. 34개 조로 구성된 플레이 규칙의 토대를 이루고 있는 용어의 정의를 재정집의 찾아보기까지 철저하게 탐색하여 관련 재정들을 모두 찾아서 26개의 표로 일목요연하게 분류·정리하여 놓았다. 이러한 작업을 통하여 골프 규칙 애호가들이 용어의 개념을 전체적인 맥락에서 파악하는 데 도움이 되었으면 한다.

이 책은 골프 규칙을 조항별로 해설하고 있지는 않다. 해설서의 수준을 벗어나고자 노력하였다. 이제는 골프 규칙에 관한 체계적이고도 종합적인 분석을 시도하는 책도 필요하다고 생각한다. 개별 규칙들을 부분적으로 이해하는 데 치중하기보다는 개별 규칙들 간의 상호관계를 전체적인 맥락에서 파악하고자 노력하였다.

예를 들어, 형평의 이념은 개별 규칙 조항인 1조 4항에 규정되어 있지만 다른 22개의 플레이 규칙들과 연계되어 총 재정수 1,264개 중 102개를 차지하고 있는 것이다. 이러한 사실을 밝혀서 상세히 분석해 놓았다. 또한 매치 플레이 규칙과 스트로크 규칙들 간의 관계, 골프의 3대 원칙을 뒷받침하고 있는 규칙 1-2와 규칙 13조의 관계, 오구와 교체된 볼의 관계, 구제 상황 및 그 처리 절차와 관련된 규칙들 간의 관계 등등을 분석하여 골프 규칙에 대한 종합적인 이해를 돕고자 노력하였다. 앞으로 개별 규칙들 간의 보완적 관계와 배척(override) 관계도 분석해 보고자 한다.

골프경기는 플레이어 스스로가 심판이 되는 게임(self-regulating game)이라고 일컬어진다. 그러나 현실적으로는 레프리의 감독하에 이루어지는 경기(예: 메이저 골프 대회)와 레프리가 없는 경기로 구분되고 있다. 레프리가 있는 경기에는 예외없이 TIO(Temporary Immovable Obstructions)가 등장하고 있다. 이 책에서는 임시라서 특별한 대우를 받는 TIO에 대해서 종합적인 시각에서 분석해 놓았다. 많은 참고가 되길 희망한다.

골프 규칙에 대한 지식이 늘어감에 따라 비례하여 골프 규칙에 대한 의문사항들도 증가한다. 이러한 의문을 해결하는 데 재정집의 '찾아보기(Index)'는 보물창고의 역할을 한다. 198개의 핵심 표제어(headings)를 기준으로 1,264개의 재정들을 분류해놓고 있는 곳이 바로 골프규칙 재정의 찾아보기인 것이다. 등재된 재정수(entries)가 5,730개에 이른다. 골프 규칙 애호가들에게 '찾아보기'의 중요성을 널리 알리고 싶어서 그 활용법을 분석하여 놓았다. 다른 책에서는 찾아볼 수 없는 내용일 것이다.

이 책을 출판하기까지 많은 분들의 도움을 받았다. 정초에 1,900 페이지에 이르는 국제정치에 관한 저서 2권을 보내주신 서강대학교의 김상준 은사님께 송구스러운 마음으로 감사드린다. 200미터 겨우 넘기는 샷에도 250야드 빨래줄 샷이라고 감탄하시며 매번 라운드 비용을 기꺼이 내주셨다. R&A의 레프리 스쿨에 파견해준 대한골프협회의 허광수 회장님과 강형모 부회장님, 골프대회가 열릴 때마다 온갖 뒷바라지를 다 해준 협회의 오철규 사무국장을 비롯한 모든 직원들께 심심한 감사의 마음을 전한다. 만학도에게 골프 규칙의 세계로 인도해주시고 지도편달해주신 허남양 한국 중·고등학교 골프연맹 부회장님, 끊임없는 지지와 성원을 보내주시는 용인대의 백병주 교수님과 정진배 교수님께 특별히 감사드린다. 용인대 대학원에서 동고동락해 오고 있는 강종

철 프로님을 비롯한 동학들에게도 고마운 마음을 표하고자 한다. 대한 골프협회의 경기위원으로 활동하면서 오의환 규칙위원장님과 이성재 경기위원장님을 비롯한 선·후배 위원님들께 많은 신세를 졌다. 이 자리를 빌려 깊은 사의를 전한다. 30여 년 동안 물심양면으로 도움을 주어 왔으면서도 손해를 감수하면서 이 책의 출판을 기꺼이 맡아준 도서출판 오름의 부성옥 선배님께는 계속 부담만 안겨주게 되었다. 다음에 나올 책도 부탁드린다는 말로 겸연쩍음을 달래고 싶다. 책을 예쁘게 편집하고 궂은일들을 다 해준 최선숙 부장께도 감사드린다. 끝으로 이제껏 곁에서 함께 하며 격려와 지원을 아끼지 않고, 특히 지난 두 달 동안 주말도 없이 이 책의 원고 작업에서 컴퓨터 작업을 해준 아내 귀옥, 이제는 보호자인양 건강 챙기라고 잔소리하며 한 가족이 된 강아지 토토도 잘 챙겨주는 따뜻한 마음의 예쁜 딸 다솜이에게 항상 함께 해주어 고맙다는 말을 전하고 싶다.

에티켓을 중시하는 정직한 스포츠인 골프에 입문하면서 좋은 인연들을 많이 맺어 왔다. 23년차 아마추어 골퍼지만 아직도 골프 코스 근처에만 가면 마음이 설레기 시작한다. 라운드를 함께 해준 모든 분들께 이 책을 바친다.

2016년 3월 7일
최진하

차례

**그림
차례**

1

골프 규칙이란 무엇인가?

골프 규칙이란 무엇인가?

I. 골프 규칙의 4가지 구성요소

골프 규칙의 구성요소는 4가지이다. 용어의 정의에 의하면 골프 규칙은 첫째 골프 규칙과 "골프규칙재정"에 포함된 해석, 둘째 규칙 33-1 및 부속 규칙 I에 의하여 위원회가 정한 모든 경기 조건, 셋째 규칙 33-8a 및 부속 규칙 I에 의하여 위원회가 제정한 모든 로컬 룰, 넷째 (i)부속 규칙 II 및 III의 "클럽과 볼의 규칙에 대한 안내서"에 포함된 해석, (ii)부속 규칙 IV의 기기 및 다른 장비에 대한 내용 등 4가지를 포함하고 있다. 이를 도식화하면 다음의 〈표 1-1〉과 같다.

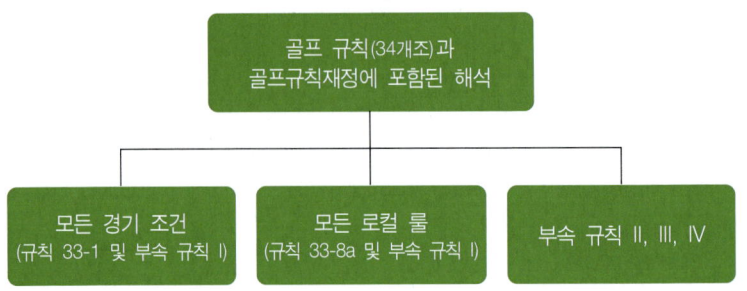

이러한 구성요소를 포함하고 있는 골프 규칙은 골프라는 게임(The Game of Golf)을 지배하는(govern) 척도(Ruler)라고 정의할 수 있다.

II. 골프 규칙의 6가지 구성인자(Template)

골프 규칙은 34개의 플레이 규칙을 갖고 있다. 이 규칙들은 조 번호와 제목(Number and Title), 규칙의 내용 문안 (Text of Rule), 예외(Exceptions), 벌타 규정(Penalty Statement), 주 (Notes), 참조 규칙(Cross-reference) 등 6가지 구성인자(Template)로 이루어져 있다.[1]

---

1 "The Rules of Golf Template"(http://www.throughthegreen.org).

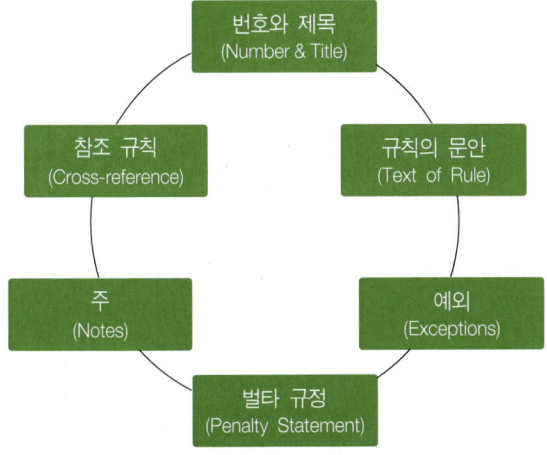

모든 플레이 규칙들이 6개의 구성인자들을 모두 갖추고 있지는 않다. 예를 들어 규칙 28조는 조 번호와 제목뿐이다. 언플레이어블 볼 규칙에 의해 구제를 받을 때 28a, 28b 또는 28c의 구제 방법을 지칭하고 있다. 이를 규칙 28조의 호로 분류할 수도 있을 것이다. 규칙 26조의 경우도 워터 해저드 구제 방법으로 26-1a, 26-1b 또는 26-1c로 약칭하고 있듯이 이를 규칙 26-1의 3개 호로 분류할 수도 있다.

구성인자 중 "주(Notes)"는 명확하게 드러나 있는 개수를 집계하면 된다. 반면에 "예외"는 다소 복잡한 모습을 갖고 있다. 전형적인 모습으로는 규칙의 문안 속에 "예외"라고 명시되고 있으며, 규칙 13-4에서처럼 예외 3개를 모아 놓기도 한다.

"예외" 이외에도 예외를 나타내는 단어들이 몇 개가 있다. 규칙 16-1a와 규칙 18-2의 경우는 "제외하고(except)"로, 규칙 24-2a에서는

"그 이외의 경우에는(otherwise)"으로, 규칙 6-3b에서는 "~하지 않는 한(unless)"으로, 규칙 4-3b에서는 "~이외의(other than)"로, 규칙 6-4에서는 "그러나(but)"로, 규칙 10-2c에서는 "그렇지만(however)"으로 예외의 내용들을 표현하고 있다.

표현은 다를지라도 특정한 규칙에 대한 예외적인 사항을 언급하고 있는 것이기 때문에 규칙을 정확하게 이해하기 위해서는 유의해야 한다. 이 책에서는 "예외(exceptions)"만을 구성인자 개수로 산정하고 있다.

벌타 규정은 규칙의 문안 중에 빨간 글자로 인쇄되어 있다. 참조 규칙은 규칙의 문안 속에 ( ) 안에 기입되어 있다. 참조 규칙은 해당되는 규칙에 대하여 보완적인 관계일 수도 있으며, 때로는 대척되는(override) 관계인 경우도 있다.

이 책에서는 골프 규칙의 구성인자 6개 중에서 규칙의 번호와 제목에서 규칙의 번호만을, 규칙의 문안을 항과 호로 나누었다. 예외와 주는 포함시키고 벌타 규정과 참조 규칙은 제외시켰다. 이러한 방법으로 조, 항, 호, 예외와 주 등 5가지를 규칙의 구성인자로 간주하여 플레이 규칙 34개 조를 조사하여 하나의 표로 축약시켜 보았다(〈표 1-3〉 참조).

〈표 1-3〉에 나타난 바와 같이 골프 규칙 34개 조는 실질적인 구성인자로 세분하면 34개 조, 124개의 항, 108개의 호, 40개의 예외와 81개의 주로 구성되어 있음을 발견할 수 있다. 한 장으로 축약해 놓고 보니 외형적으로는 34개 조에 불과하지만 그 속에 상당한 계곡과 협곡이 존재하고 있음을 알 수 있다.

〈표 1-3〉은 등산 안내도 같이 활용될 수 있다. 막 입구에 들어선

〈표 1-3〉 2016 골프 규칙의 조별 구성인자

조	항	호	예외	주	조	항	호	예외	주
1조	4	·	2	2	18조	6	2	·	4
2조	6	·	·	2	19조	5	2	5	2
3조	5	2	·	3	20조	7	10	3	8
4조	4	10	·	2	21조	·	·	1	·
5조	3	·	·	3	22조	2	·	·	3
6조	8	12	3	9	23조	1	·	·	1
7조	2	2	2	3	24조	3	4	1	4
8조	2	2	1	1	25조	3	5	1	6
9조	3	2	·	·	26조	2	2	·	3
10조	3	6	3	2	27조	2	6	2	2
11조	5	2	·	·	28조	·	·	·	·
12조	2	4	·	1	29조	3	·	·	·
13조	4	·	4	1	30조	3	8	1	·
14조	6	4	4	3	31조	8	3	·	·
15조	3	2	3	·	32조	2	4	·	7
16조	2	6	2	·	33조	8	6	1	2
17조	4	·	1	3	34조	3	2	·	4
					총계	34개 조	124개 항	108개 호	40개 예외	81개 주

* 2016~2019 골프 규칙에서 수작업으로 분류·정리하여 통계표 작성

입문자들에게는 골프 규칙의 전체 구성을 세부적으로 파악하도록 도와준다. 124개의 항에다가 108개의 호가 골프 규칙의 주요 내용을 이루고 있다. 여기까지 파악하고 있으면 골프 규칙을 이해하는 데 기초를 닦은 것이다.

〈표 1-3〉을 따라 좀 더 깊숙이 들어가다 보면 길을 잃기도 한다. 규칙 16-1에는 6개의 호가 있다. 이 6개의 호들이 별도의 규칙(separate rules)이라고(재정 1-4/12 참조) 간주된다니 혼란스럽기조차 하다.

40개의 예외도 있다. 규칙 문안 속의 "예외"만을 산정한 것이어서 최소한의 숫자이다. 따라서 예외사항은 더 많을 수 있음을 감안하고 있어야 함정에서 빠져나올 수 있을 것이다. "주"도 81개나 되어 주의하지 않으면 엉뚱한 길로 들어서게 될 것이다.

〈표 1-3〉을 따라 숲(골프 규칙) 속으로 들어가서 오솔길마다의 특색을 감상하는 즐거움을 만끽하자면 산책 시 주의사항을 잘 숙지하고 있어야 낙상하지 않을 수 있다.

〈표 1-3〉은 점검 일람표(checklist)로 활용할 수 있다. 34개 조—124개 항—109개 호의 제목을 숙지하고 항과 호의 내용들을 파악하면 골프 규칙의 기초는 완성된다. 32개의 예외와 60개의 주들로 이루어진 함정들을 꿰뚫고 있으면 고급 단계로 접어들게 된다. 이 과정에서 〈표 1-3〉을 점검 일람표 삼아 복습하면 어느 부분을 놓치고 있는지를 파악할 수 있을 것이다.

III. 골프규칙재정의 구성

골프규칙재정은 2년마다 개정된다. R&A와 USGA는 2016~2017 골프규칙재정을 발표하면서 새로운 재정 29개를 추가하고 기존의 17개 재정을 삭제(개정 81개)하였다. 이 결과로 2014~2015 골프규칙재정에서 1,252개였던 총 재정수는 2016~2017 골프규칙재정에서 1,264개로 12개 증가하였다.

2016~2017 골프규칙재정에 나타난 1,264개의 재정(34개조의 골프규칙과 관련이 없는 코스 레코드와 벙커에서의 고무래 위치를 다룬 기타 재정 2개 제외)들을 규칙별로 분류·정리하면 〈표 1-4〉와 같다.

골프규칙재정은 골프 규칙에 대한 "명확한 해설(clarification of the

〈표 1-4〉 2016~2017 골프규칙재정에 나타난 재정의 규칙별 분포

규칙	재정수	규칙	재정수	규칙	재정수	규칙	재정수	규칙	재정수
1조	39	8조	33	15조	27	22조	6	29조	19
2조	49	9조	19	16조	43	23조	29	30조	35
3조	22	10조	15	17조	27	24조	42	31조	10
4조	40	11조	12	18조	67	25조	69	32조	9
5조	16	12조	5	19조	28	26조	33	33조	113
6조	88	13조	95	20조	85	27조	53	34조	33
7조	20	14조	61	21조	5	28조	17	총합	1,264개

* 출처: R&A, 2016~2017 골프규칙재정에서 수작업으로 집계하여 통계표 작성

조	제목	재정수
규칙 12조	볼 찾기와 확인	5개
규칙 21조	볼 닦기	5개
규칙 22조	플레이에 원조 또는 방해가 되는 볼	6개
규칙 32조	보기, 파 및 스테이블포드 경기	9개
규칙 31조	포볼 스트로크 플레이	10개
규칙 11조	티잉 그라운드	12개
규칙 10조	플레이 순서	15개
규칙 5조	볼	16개
규칙 28조	언플레이어블 볼	17개
규칙 29조	스리섬과 포섬	19개
규칙 9조	타수의 보고	19개
규칙 7조	연습	20개

Rules of Golf)"을 위해서 발간된다.[2] 재정수가 많다는 것은 분쟁의 여지가 많아서 명확한 해설이 필요하다고 볼 수 있으며, 반면에 재정수가 적은 규칙들은 상대적으로 단순하고 명확한 규칙들이라고 간주할 수가 있을 것이다. 예를 들어 〈표 1-5〉의 규칙 12조와 규칙 21조는 수록 재정수가 5개씩인 규칙으로서 쟁점의 소지가 상대적으로 작다고 할 수 있다.

---

2 R&A, *2016 Decisions on the Rules of Golf*(2016), p.iii.

조	제목	재정수
규칙 33조	위원회	113개
규칙 13조	볼은 있는 그대로의 상태로 플레이	95개
규칙 6조	플레이어	88개
규칙 20조	볼을 집어올리기, 드롭하기 및 플레이스 하기; 오소에서의 플레이	85개
규칙 25조	비정상적인 코스상태, 지면에 박힌 볼 및 다른 퍼팅 그린	69개
규칙 18조	정지하고 있는 볼이 움직인 경우	67개
규칙 14조	볼을 치는 방법	61개
규칙 27조	분실구 또는 아웃 오브 바운드 볼; 잠정구	53개

재정수가 50개 이상인 규칙들은 재정수가 많은 순서대로 규칙 33조, 규칙 13조, 규칙 6조, 규칙 20조, 규칙 25조, 규칙 18조, 규칙 14조와 규칙 27조 등으로 8개 규칙이 있다(〈표 1-6〉 참조). 이러한 규칙들은 규칙을 적용하는 데 있어서 보다 많은 명확한 해설이 필요한 규칙들이고, 따라서 클레임과 분쟁들이 발생할 소지가 상대적으로 많은 규칙들이라고 간주할 수가 있다.

위의 〈표 1-6〉의 내용을 규칙별 조항까지로 확대하여 구체적으로 살펴본 결과, 로컬 룰(규칙 33조 8항)을 둘러싼 재정이 50개로 가장 많았다(〈표 1-7〉 참조). 전 세계에 적용되는 단일 규칙으로서 골프 규칙의 특성상 각국의 코스별 특이사항을 일관성 있게 규정할 필요성 때문일 것이다.

그 다음으로 규칙 13조 2항(볼의 라이, 의도하는 스탠스나 스윙 구역 또는 플레이 선의 개선)과 4항(해저드 안에 있는 볼; 금지되는 행위)과 관련한 재정이 각각 43개로 많았다. 또한 규칙 18조 2항(정지하고 있는 볼이 플레이어, 파트너, 캐디 또는 휴대품에 의하여 움직인 경우)과 관련된 재정도 40개였다. 골프 경기의 2대 원칙과 관련한 규정을 둘러싼 규칙 조항들에서 재정수가 많다는 사실은 이들 영역들이 분쟁의 소지가 많은 쟁점 영역들이라는 사실을 유추해 볼 수 있다.

비정상적인 코스상태로부터의 구제; 35개, 움직일 수 없는 장해물로부터의 구제; 26개, 워터 해저드에서의 구제; 26개 재정들이 관련되어 있는 것으로 나타나고 있어서 구제와 관련한 규칙들도 주요한 쟁점 영역이라는 사실을 알 수 있다.

2016년도 골프 규칙에서 개정된 규칙 14조 3항(인공의 기기, 비정

〈표 1-7〉 2016 골프규칙재정에서 재정수 20개 이상인 규칙의 조항들

조항	재정수	조항	재정수
33-8(로컬 룰)	50	6-6(스트로크 플레이의 스코어)	26
13-2(볼의 라이 … 개선)	43	24-2b(움직일 수 없는 장해물 구제)	26
13-4(해저드안에 있는 볼 …)	43	20-1(볼을 집어올리기와 마크하기)	25
18-2(플레이어가 움직인 볼)	40	26-1(워터 해저드에서의 구제)	25
25-1b(비정상적 코스상태 구제)	35	6-8(플레이 중단과 재개)	24
16-1(퍼팅 그린 …)	32	20-2(드롭과 재드롭)	23
14-3(인공기기 …)	30	8-1(어드바이스)	22

상적인 장비 및 장비의 비정상적인 사용)과 규칙 6조 6항(홀에 대한 스코어의 오기)에 관련된 해설이 늘어났기 때문에 관련 재정이 각각 30개와 26개로 증가하였는데, 이 두 조항도 다툼의 소지가 많은 조항들이라고 간주하여도 무리가 없을 것이다.

〈표 1-7〉에서 살펴볼 수 있는 재정수 20개 이상인 규칙의 조항들은 항상 숙지하고 있어야 할 쟁점 조항들이라는 점을 유념하고 있어야 한다.

2

용어의 정의에 대한 이해

2

용어의 정의에 대한 이해

용어의 정의(Definitions)는 골프 규칙의 제3장인 플레이 규칙보다 앞부분을 차지하고 있다. 플레이 규칙의 토대가 바로 용어의 정의라는 의미인 것이다. 말이 통하지 않아 완성 직전에 무너진 바벨탑의 전설처럼, 용어가 중구난방이라면 골프 규칙도 모래 위에 지은 집처럼 위태하게 될 것이다.

플레이 규칙의 토대가 되는 용어의 정의는 세 겹의 구조로 되어 있다. 그 중심 역할을 하는 것이 골프 규칙 책의 제2장인 용어의 정의 부분이다. "인 플레이 볼", "분실구", "오구", "교체한 볼" 등의 61개 용어들을 정의하고 있다.

두 번째 구조는 내부적 정의(internal definitions)이다.[3] 골프 규칙의 조항 속이나 주에 포함되어 있는 용어의 정의이다. 예를 들면 지면에 박힌 볼을 규정하고 있는 규칙 25조 2항에는 "잔디를 짧게 깎은 구역"이란 '러프를 지나는 통로를 포함하여, 페어웨이 잔디 높이나 그 이하로 깎은 코스의 모든 구역을 의미한다' 라고 규정하고 있다. 이렇듯이 규칙의 문안 속에 용어의 정의가 내재되어 있는 내부적 정의는 22개가 있다.

마지막으로 재정 속에 세부적으로 설명되어 있는 용어의 정의를 들 수 있다. 예를 들자면 "수리"의 의미(재정 4-3/2), "개선"이라는 말의 의미(재정 13-2/0.5), "곧 회수할 수 없는"이라는 말의 의미(재정 18/11), "알고 있거나 사실상 확실한"이란 말의 의미(재정 26-1/1) 등이다. 이러한 용어들은 재정집의 찾아보기(Index)에서 용어(Terminology)와 물건의 규칙상 취급(status of object)에서 종합적으로 찾아볼 수 있다.

Ⅰ. 61개 용어의 정의

61개 용어 중 중복된 용어 3개(움직인 것으로 보는 볼 → 움직인 또는 움직여진 볼, 홀에 들어간 볼 → 홀에 들어가

---

3 규칙의 문안 속에 박혀 있는 용어의 정의라 하여 "embedded definitions"라고도 지칭하고 있다. "Embedded Definitions"(https:university.usga.org) 참조.

다, 분실된 볼 → 분실구)를 제외하면 58개가 남는다. 58개 용어 중에서 매치 플레이 방식이나 스트로크 플레이 방식에서 설명하고 있는 용어 6개(베스트볼(Best-Ball), 포볼(Four-Ball), 포섬(Foursome), 싱글(Single), 스리볼(Three-Ball), 스리섬(Threesome))를 제외하면 52개의 용어가 남는다. 이를 몇 가지 범주로 나누어 일목요연하게 몇 개의 〈표〉로 정리하여 보았다.

1) 플레이어와 관련된 용어의 정의(9개)

〈표 2-1〉 플레이어와 관련된 용어의 정의

용어	유의할 내용
경기자	- 경기자와 동반 경기자는 파트너가 아님
동반 경기자	- 같은 조에서 플레이하는 경기자
파트너	- 같은 편의 다른 플레이어
상대방	- 매치 플레이에서 다른 편의 플레이어
편	- 플레이어로 구성됨(캐디는 편의 구성원이 아님)
마커	- 스코어 입증 책임 있음
캐디	- 캐디가 어떤 사실을 아는 즉시 플레이어도 아는 것 (재정 15/9)
국외자	- 동반 경기자는 국외자, 상대방은 국외자 아님
아너	- 티잉 그라운드에서만 적용됨

2) 코스와 관련된 용어의 정의(12개)

〈표 2-2〉 코스와 관련된 용어의 정의

용어	유의할 내용
코스	- 4가지 구성요소(T/G, 해저드, P/G, 스루 더 그린)
티잉 그라운드	- 모든 플레이어에게 한 홀당 오직 하나의 T/G뿐
스루 더 그린	- 코스의 다른 3개 구성요소를 제외하는 개념
해저드	- 벙커도 해저드임
벙커	- 한계는 수직 아래로만 연장
워터 해저드	- 한계는 수직 위, 아래로 연장
래터럴 워터 해저드	- WH로 정할 수 있음
홀	- 깊이는 4인치 이상
깃대	- 움직일 수 있는 장해물
퍼팅 그린	- 볼이 P/G 접촉하고 있으면 P/G 위의 볼
다른 퍼팅 그린	- 플레이 금지 구역
아웃 오브 바운드	- OB선 자체는 OB, OB 말뚝은 고정물

3) 불공평한(unfair) 대상과 관련된 용어의 정의(7개)

〈표 2-3〉 불공평한(unfair) 대상과 관련된 용어의 정의

용어	유의할 내용
루스 임페디먼트	- 자연물
장해물	- 인공물(예외 3가지)
비정상적인 코스 상태	- 코스 위에 있는 일시적이고 비정상적인 상태
캐주얼 워터	- WH 한계 밖으로 흘러넘친 물은 캐주얼 워터임

수리지	– 한계는 수직 아래로만 연장
구멍 파는 동물	– 개(dog)는 구멍 파는 동물이 아님
가장 가까운 구제 지점	– 규칙 24-2, 25-1, 25-3 구제 시 적용

4) 클럽과 볼의 규칙상 취급, 플레이와 관련된 용어의 정의(15개)

〈표 2-4〉 클럽과 볼의 규칙상 취급, 플레이와 관련된 용어의 정의

용어	유의할 내용
인 플레이 볼	– T/G에서 스트로크했을 때 인 플레이 볼이 됨
분실구	– 분실구가 되는 5가지 이유 중요
교체한 볼	– 인 플레이가 되는 세 가지 방법(드롭/플레이스/ 티잉 그라운드에서 스트로크)
오구	– 교체한 볼은 오구가 아님
잠정구	– 시간 절약 목적
홀에 들어간 볼	– 볼 전체가 홀 가장자리 아래에 있을 때
움직인 볼	– 전후/좌우/상하로 위치 변경
볼에 어드레스	– 해저드에서는 할 수 없음
럽 오브 더 그린	– 규칙 19-1
스탠스	– 어드레스와는 상관 없음
스트로크	– 의도가 중요한 판단 요소
플레이 선	– 방향
퍼트 선	– 볼은 반드시 P/G 위에 있어야 함
휴대품	– 골프 카트도 휴대품
어드바이스	– 규칙과 거리정보는 어드바이스 아님

5) 플레이 방식과 관련된 용어의 정의(2개)

〈표 2-5〉 플레이 방식과 관련된 용어의 정의

용어	유의할 내용
매치 플레이 방식	- 규칙 2조에서 규정
스트로크 플레이 방식	- 규칙 3조에서 규정 - 보기, 파 및 스테이블포드 경기도 스트로크 플레이 방식임

매치 플레이는 최대로 4명의 플레이어가 1:1, 1:2, 1:3, 2:2로 플레이할 수 있는 방식이다. 싱글, 스리섬, 포섬, 스리볼, 베스트볼, 포볼 등 6가지 방법이 있다. 스트로크 플레이는 개인, 포섬, 포볼의 3가지 방법이 있으며, 1:100의 퀴즈 프로그램처럼 개인이 경기에 참여하고 있는 불특정 다수와 대항하여 정규 라운드를 가장 적은 타수로 플레이하여 우승자를 가리는 방식이다.

우리나라에서는 스트로크 플레이가 대세를 이루고 있으나 서양에서는 매치 플레이 방식도 널리 활용되고 있다. 매치 플레이 방식에 대해서는 뒷장에서 자세히 살펴보기로 한다.

6) 규칙 및 경기 운영과 관련된 용어의 정의(7개)

〈표 2-6〉 규칙 및 경기 운영과 관련된 용어의 정의

용어	유의할 내용
규칙	- 4가지 구성 요소
정규 라운드	- 플레이할 홀의 개수는 18개 이하

벌타	- 플레이 순서에 영향 없음(스리섬/포섬)
심판원	- 매치 플레이와 스트로크 플레이에서 역할 다를 수 있음
업저버	- 국외자임
포어캐디	- 국외자임
위원회	- 규칙 33조와 34조에서 규정

II. 규칙의 문안 속에 내재된 내부적 용어의 정의

용어의 정의에서 두 번째 범주는 소위 내부적 용어의 정의이다. 이 범주에 속하는 용어들은 플레이 규칙의 조항 속에 포함되어 있거나 주(Note)의 형태로 제시되고 있다. 클럽과 퍼터의 경우에는 부속 규칙 II 속에서 정의되고 있다. 모두 합하면 22개가 있다.

〈표 2-7〉 내부적 용어의 정의(1)

용어	규칙 조항	정의
1-2의 중대한 위반	1조 2항 주1	중대한 위반은 자신이나 다른 플레이어에게 현저한 이익(significant advantage)을 얻게 하거나 다른 플레이어를 현저하게 불리하게 만들었다고 위원회가 생각한 경우
매치	2조 1항	한편이 다른 편에 대항하여 정규 라운드를 플레이하는 것
도미(Dormie)	2조 1항	이긴 홀 수가 플레이할 나머지 홀 수와 같은 때

비긴 홀	2조 2항	양 편이 같은 타수로 홀 아웃한 홀
스트로크 플레이	3조 1항	경기자들이 1 또는 2 이상 정규 라운드의 각 홀에서 경기하고 각 라운드에 대하여 각 홀에서 낸 그로스 스코어가 기재된 스코어 카드를 제출하는 것으로 이루어진다.
플레이에 부적합한 클럽	4조 3a 주	샤프트가 움푹 들어갔거나, 상당히 휘었거나, 부러졌거나 클럽 헤드가 헐거워지거나 떨어져 나갔거나 현저히 변형된 경우 또는 그립이 헐거워진 경우
플레이에 부적합한 볼	5조 3항	쪼개졌거나 금이 갔거나 변형되어 있는 경우
타수	9조 1항	타수는 벌타를 포함한 것
오보(Wrong information)	9조 2b	i) 벌받은 사실을 될수록 빨리 상대방에게 통보하지 않았을 때 ii) 한 홀의 플레이 중 타수에 대해 부정확한 정보(incorrect information)를 제공하고 상대방이 다음 스트로크하기 전에 시정하지 않은 경우 iii) 한 홀을 끝마쳤을 때 타수에 대해 부정확한 정보를 제공하고 다음 T/G에서 상대방이 플레이하기 전에 시정하지 않은 경우
지면(地面)	11조 1항	지면에는 울퉁불퉁한 표면과 모래나 다른 자연물이 포함됨

〈표 2-8〉 내부적 용어의 정의(2)

용어	규칙 조항	정의
클럽을 "직접적으로" 몸에 고정 …	14조 1b 주1	손이나 팔뚝이 아닌 몸의 일부에 "직접적으로" 접촉한 상태에서 고의로 손을 쥐는 행위
고정점 (Anchor point)	14조 1b 주2	"고정점"은 다른 손이 클럽을 스윙할 때 안정점으로 작용하도록 고의로 팔뚝을 몸의 일부에 접촉한 상태로 유지할 때 생김

깃대에 붙어 시중들고 있는 것으로 간주	17조 1항 주1	스트로크하는 동안에 누군가가 홀 가까이에 서 있는 경우
시중드는 행위를 승인한 것으로 간주	17조 1항 주2	스트로크하기 전에 누군가가 깃대에 붙어 시중드는 행위를 알고도 이의를 제기하지 않은 경우
오소 (Wrong place)	20조 7a	ⅰ) 스트로크하거나 드롭/플레이스가 허용되지 않는 코스의 일부 지점에서 스트로크한 경우 ⅱ) 드롭한 볼을 재드롭할 것 또는 움직여진 볼을 리플레이스할 것을 요구할 때 그대로 인 플레이 볼을 스트로크한 경우
오소 플레이의 중대한 위반	20조 7c 주1	오소에서 플레이한 결과로 현저한 이익을 얻었다고 위원회가 생각한 경우
지면에 박힌 (Embedded)	25조 2항 주1	볼 자체의 힘으로 지면에 만든 자국(Pitch-mark)에 박히고 볼의 일부가 지면보다 아래에 있을 때를 말한다. 박힌 상태에서 볼이 반드시 흙에 접촉해야만 하는 것은 아니다
잔디를 짧게 깎은 구역	25조 2항	러프를 지나는 통로를 포함하여 페어웨이 잔디 높이나 그 이하로 깎은 코스의 모든 구역
S&D의 벌을 받고 처리한 것으로 간주	27조 1a	플레이어가 원구를 최후로 플레이했던 지점에서 볼을 스트로크한 경우
경기의 종료	34조 1b	경기결과가 공식적으로 발표된 때 또는 매치 플레이에 나갈 사람을 선발하는 스트로크 플레이 예선전에서는 그 플레이어가 첫 번째 매치에서 티오프했을 때
클럽	부속 규칙 II-Ia	클럽은 볼을 치기 위하여 디자인된 용구이며 … 우드, 아이언, 퍼터의 3가지 형태 … 클럽은 샤프트와 헤드로 구성
퍼터	부속 규칙 II-Ia	주로 퍼팅 그린에서 사용하기 위하여 디자인된 로프트가 10도 이하인 클럽

III. 재정의 형식을 빌린 용어의 정의

1. 찾아보기의 "용어(Terminology)"로 분류해 놓은 재정을 통한 용어의 정의

1) 경기(규칙 1, 2, 3조)와 관련된 용어를 해설하고 있는 재정들(7개)

〈표 2-9〉 경기와 관련된 용어를 해설하고 있는 재정

용어	재정
"오직 코스를 보호하기 위한 목적"이란 문구의 의미	1-2/0.7
"위험한 상황"이란 말의 의미	1-4/11
"별도의 규칙(Separate Rules)"이란	1-4/12
정규 라운드의 "시작"과 "끝" 　－매치 플레이 　－스트로크 플레이	2/2 3/3
"유효한 클레임"을 위한 절차	2-5/2
매치의 결과가 "공식 발표된" 시점	2-5/14

2) 클럽과 관련된 용어를 해설하고 있는 재정들(6개)

칩퍼는 찾아보기의 표제어 "용어"에도 등재되어 있고, 또 다른 표제어인 "물건의 규칙상 취급(status of object)"에도 중간 표제어인 클럽으로 분류되어 등재되어 있다. 2016 골프 규칙에서 처음으로 금지된 "고정점"은 규칙의 문안 속에 내부적으로도 정의되었는데 재정을 통해서도 추가적으로 해설되고 있다.

〈표 2-10〉 클럽과 관련된 용어를 해설하고 있는 재정

용어	재정
"칩퍼(Chipper)"의 규칙상 취급	4-1/3
"정상적인 플레이 과정"에서 입은 손상의 의미	4-3/1
"수리(Repair)"의 의미	4-3/2
클럽이 "추가되었다고(Added)" 보는 시점	4-4a/1
14-1b 주2 "고정점(Anchor point)"의 의미	14-1b/2
14-1b "팔뚝(Forearm)"에 대한 설명	14-1b/3

3) 플레이어의 책임(규칙 6, 7, 8, 9조)과 관련된 용어를 해설하고 있는 재정들(10개)

〈표 2-11〉 플레이어의 책임과 관련된 용어를 해설하고 있는 재정

용어	재정
"핸디캡"의 의미	6-2/1
핸디캡 전부를 사용하지 않을 때 "핸디캡"의 의미	6-2b/0.5
"출발 시간"의 의미	6-3a/2.5
용어의 정의 "캐디"에서 "특별한 지시(Specific directions)"의 의미	6-4/1
"플레이 중단(Discontinuance of play)"의 성립 요건	6-8b/1
"볼을 집어올릴 수 있는 정당한 이유"에 대한 설명	6-8c/1
"그 홀의 플레이를 계속하는 중에 한 스트로크"는 말에 대한 설명	7-2/1.7
"플레이 선을 지시하기 위하여 세워놓은 사람"과 "플레이 선을 지시하기 위하여 놓아 둔 마크"라는 의미	8-2a/0.5
"퍼트 선 지시"와 "퍼트 선을 지시하기 위하여 놓아둔 마크"라는 의미	8-2b/0.5
규칙 9-2의 "될수록 빨리(as soon as practicable)"라는 말의 의미	9-2/1

4) 티잉 그라운드 및 퍼팅 그린과 관련된 용어를 해설하고 있는 재정들(4개)

〈표 2-12〉 티잉 그라운드 및 퍼팅 그린과 관련된 용어를 해설하고 있는 재정

용어	재정
"다음 티잉 그라운드(Next teeing ground)"에 관한 설명	11-5/1
규칙 16-1e의 문맥 속에서 "퍼트 선"의 의미	16-1e/1
"홀 가까이에 서 있는 경우"의 의미	17-1/1
규칙 17-2에서 "볼의 움직임에 영향을 미칠지도 모르는 경우"	17-2/2

5) 볼 플레이(특히 13조)와 관련된 용어를 해설하고 있는 재정들(6개)

〈표 2-13〉 볼 플레이(특히 13조)와 관련된 용어를 해설하고 있는 재정

용어	재정
"개선(improve)"이라는 말의 의미	13-2/0/5
"바른 스탠스를 취하다"에 관한 설명	13-2/1
"바른 스탠스를 취할" 때 플레이 방향 변경 문제	13-2/1.5
"해저드의 상태를 테스트"라는 말의 의미	13-4/0.5
워터 해저드상의 풀숲에서 클럽이 지면에 접촉한(Grounded) 시점	13-4/8
"자연 현상의 비바람(Elements)"이란 말의 의미	14-2/0.5

6) 움직이거나 방향이 변경된 볼과 관련된 용어를 해설하고 있는 재정들(4개)

〈표 2-14〉 움직이거나 방향이 변경된 볼과 관련된 용어를 해설하고 있는 재정

용어	재정
"플레이 중인 볼(Any ball he has played)"에 대한 설명	18/7
"곧 회수할 수 없는(not immediately recoverable)"이라는 말의 의미	18/11
볼을 움직인 원인을 판정할 때 "증거의 비중(Weight of evidence)"을 결정하는 기준	18-2/0.5
국외자에 적용되는 "살아 있는(Animate)"의 의미	19-1/7

7) 드롭/플레이스(규칙 20조)와 관련된 용어를 해설하고 있는 재정들(4개)

〈표 2-15〉 드롭/플레이스와 관련된 용어를 해설하고 있는 재정

용어	재정
"바로 그 행위에 있는(directly attributable to the specific act)"이라는 말의 의미	20-1/15
20-1 주의 "볼의 위치를 마크"하는 방법에 대한 설명	20-1/16
20-2c (vii)(a)의 "추정지점(estimated spot)" 결정 방법에 대한 설명	20-2c/1.5
"다만 카운트하지 않기로 재정된 볼을 플레이한 것에 의하여 받은 벌타"에 관한 해설	20-7c/5

8) 벌 없는 구제(규칙 23, 24, 25조)와 관련된 용어를 해설하고 있는 재정들(9개)

〈표 2-16〉 벌 없는 구제와 관련된 용어를 해설하고 있는 재정

용어	재정
용어의 정의 "루스 임페디먼트"에서 "땅에 단단히 박혀 있는(solidly embedded)"이라는 말의 의미	23/2
"인공 포장된(artificially surfaced)" 도로 혹은 통로	24/9
"가장 가까운 구제 지점(Nearest point of relief)"의 결정	24-2b/1
NPR 추정 시 "개념적 스탠스(notional stance)"	24-2b/3.7 25-1b/2
용어의 정의 "수리지"에서 "그린 키퍼가 만든 구멍"에 관한 설명	25/14
벙커 안의 캐주얼 워터에서 "최대한의 구제 지점(maximum available relief)"이라는 용어에 관한 설명	25-1b/5
볼이 비정상적인 코스 상태의 "가장 바깥쪽 한계를 최후로 넘어간" 지점에 관한 해설	25-1c/1.5
"볼이 지면에 박힌 경우"에 대한 도해 설명	25-2/0.5

용어의 정의에서 한번 정의된 용어인 "루스 임페디먼트"나 "수리지"를 재정을 통하여 더 명확하게 해설하고 있는 대표적인 예들이 바로 재정 23/2와 재정 25/14이다. "개념적 스탠스(notional stance)"라는 용어는(재정 24-2b/3.7과 25-1b/2) 재정의 해설 속에 등장하는 새로운 개념을 찾아내어 '찾아보기'에 등재시킨 것이다.

9) 벌타 후 구제(규칙 26, 27, 28조)와 관련된 용어를 해설하고 있는 재정들(6개)

〈표 2-17〉 벌타 후 구제와 관련된 용어를 해설하고 있는 재정

용어	재정
"알고 있거나 사실상 확실한"이란 말의 의미 – 비정상적인 코스 상태 안에 있는 볼 – 워터 해저드 안에 있는 볼 – 국외자가 움직인 분실구	25-1c/1 26-1/1 27-1/2.5
규칙 26-1에서 "후방(behind)"이란 말의 의미	26-1/1.5
규칙 26-1c (ii) "건너편의 한계(opposite margin)"라는 용어에 관한 해설	26-1/14
"볼을 찾으러 앞으로 나가다"라는 말의 의미	27-2a/1.5

10) 기타 재정들(2개)

〈표 2-18〉 기타 재정

용어	재정
규칙 10-1c에서 "즉시(immediately)"라는 말의 의미	30-1/1
"에티켓의 중대한 위반"이란 말의 의미	33-7/8

2. 찾아보기의 "물건의 규칙상 취급"을 해설하고 있는 재정을 통한 용어의 정의

1) 클럽이나 휴대품의 규칙상 취급을 해설하고 있는 재정들(11개)

〈표 2-19〉 클럽이나 휴대품의 규칙상 취급을 해설하고 있는 재정

클럽이나 휴대품의 규칙상 취급	재정
칩퍼의 취급	4-1/3
클럽 타면에 사용한 쵸크(chalk)	4-2/3
부러진 클럽의 일부	4-4a/14
휴대하고 있는 클럽의 부품(components)	4-4a/15
플레이어를 위하여 운반되는 추가(additional) 클럽	4-4a/16
라운드 전에 사용하지 않겠다는 선언을 한 초과(excess) 클럽	4-4c/1
측연(plumb-line)으로 사용된 클럽	14-3/12
추가 인원이 운반하는 클럽 이외의 물건(우산, 음식물 …)	6-4/5.3
1인 2역의 캐디(double caddie)가 끄는 2대의 카트	6-4/6
캐디가 잡고 있는 고무래	19-2/10
지시 마크로 사용한 장갑(glove)	20-2a/7

2) 볼의 규칙상 취급을 해설하고 있는 재정들(21개)

〈표 2-20〉 볼의 규칙상 취급을 해설하고 있는 재정

볼의 규칙상 취급	재정
적격 골프볼 목록에 등재되어 있지 않은 볼에 대한 취급	5-1/1.5
적격 골프볼 목록에서 삭제될 볼에 대한 취급	5-1/1.7

"크로스 아웃 볼(X-out balls)", "중고품 볼(Refurbished balls)" 및 "연습용 볼(Practice balls)"의 취급	5-1/4
벙커의 가장자리에 걸쳐 있는 볼	13/3
벙커의 턱에 박힌 볼	13/4
벙커 안의 장해물 위에 있는 볼	13/5
인공적으로 따뜻하게 한 볼	14-3/13.5
무선 주파수 식별 칩이 탑재된 볼	14-3/14
몇 조각으로 깨져서 버려진 볼의 한쪽	15/3
그린 위에 있으나 진흙 위에 얹혀 있는 볼	16/1
홀 옆면에 박혔으나 홀 가장자리 수평면보다 밑에 있는 볼	16/2
홀 옆면에 박혔으나 볼 전체가 홀 가장자리보다 낮지 않은 볼	16/3
일시 중지된 경우에 코스 그대로 위에 놓아둔 볼	18-2/25
캐디가 볼 마커 뒤에 플레이스한 볼	20-4/2
버려진(abandoned) 볼	24-1/2
워터 해저드와 벙커에 동시에 접촉하고 있는 볼	26/1.5
분실로 선언했으나 5분 이내에 발견된 볼	27/16
볼의 직경보다 큰 경계 울타리 안쪽에 기대어 있는 볼	27/19
OB인 도로를 넘어 건너편 코스 위에 있는 볼	27/20
잠정구라는 선언을 들을 사람이 없는 상황에서의 볼	27-2a/1.3
보이는 원구보다 홀에 더 가까운 곳에서 플레이한 잠정구	27-2c/3

3) 인공기기의 규칙상 취급을 해설하고 있는 재정들(19개)

〈표 2-21〉 인공기기의 규칙상 취급을 해설하고 있는 재정

인공의 기기 및 비정상적인 장비	재정
거리 측정 기기(distance-measuring device)	14-3/0.5
경사도 측정 기기(gradient-measuring device)	14-3/0.5
골프 카트에 부착한 거리 측정기	14-3/1
거리 측정 기능이 없는 쌍안경	14-3/3
나침반(compass)	14-3/4
여러 지점 사이의 거리를 제공하는 소책자(booklet)	14-3/5
여러 지점 사이의 거리를 제공하는 전자 기기(electronic device)	14-3/5.5
점착 테이프(adhesive tape)	14-3/8
연습용 보조 기구(무겁게 한 헤드 커버 …)	14-3/10
스윙 보조 막대기	14-3/10.3
스트레칭을 위한 기기	14-3/10.5
측연(plumb-line) – 실에 달아 매놓은 추 – 측연으로 사용된 클럽	14-3/11 14-3/12
경사도 측정 위한 음료수 병(a bottled drink)	14-3/12.5
수온기(hand warmer)	14-3/13
볼을 따스하게 데우는 기기(예: ball warmer)	14-3/13.5
볼을 찾는 전자 기기	14-3/14
의지(Artificial limbs)	14-3/15
전자 기기(컴퓨터, 계산기, 전화, 라디오, TV …)	14-3/16

4) 루스 임페디먼트와 관련된 물건의 규칙상 취급을 해설하고 있는 재정들(30개)

〈표 2-22〉 루스 임페디먼트와 관련된 물건의 규칙상 취급을 해설하고 있는 재정

루스 임페디먼트와 관련된 물건	재정
벙커 가장자리에 있는 모래	13/1
떼어내진 상태가 아닌 디보트(undetached divot)	13-2/5
플레이 선에서 제거된 이슬이나 서리	13-2/35
퍼트 선에서 제거된 이슬이나 서리	16-1a/3
이끼(moss)나 덩굴 식물(creepers)	13-2/37
인공적으로 일으킨 공기(air)	18-1/2
볼에 달라붙은 잔디	21/2
반쯤 먹다 버린 배(half-eaten pear)	23/3
과일 - 껍질 - 과일에 박힌 볼	23/4 23/10
개밋둑(Anthill)	23/5
거미/거미집	23/5.5
뱀	23/6.5
나무(tree) - 벙커 안의 나무 - 쓰러진 나무 - 제거 작업 중인 넘어진 나무 - 나무 그루터기(stump) - 나무 그루터기에 붙어 있는 나무 - 수리지 안의 나무에서 뻗어나간 수리지 밖에 있는 나무뿌리 - 나무 뿌리 웅덩이(basins)	13/2 23/7 25/7 25/8 25/9 25/10.7 33-2a/10.5
벌레(warm) - 부분적으로 땅속에 들어가 있는 벌레	23/8

– 벌레가 긁어낸 쌓인 흙(cast)	23-1/1
땅에 박혀 있는 도토리(acorn)	23/9
구멍 파는 동물이 만든 구멍에 있는 쌓인 흙에서 나온 흩어진 흙 (loose soil from cast)	23/11
에어레이션 흙덩어리(aeration plugs)	23/12
흙덩어리(lump of earth)	23/13
도로 표면에 깔린 자갈(gravel), 돌(stone)	23/14
큰 돌(large stone)	23-1/2
곤충(insect) – 워터 해저드 안에서 날아다니는 곤충 – 볼 위에 있는 곤충	13-4/16.5 23-1/5

5) 장해물과 관련된 물건의 규칙상 취급을 해설하고 있는 재정들(18개)

〈표 2-23〉 장해물과 관련된 물건의 규칙상 취급을 해설하고 있는 재정

장해물과 관련된 물건	재정
첫 번째 스트로크 이후 티 마커	11-2/1
워터 해저드 안에 있는 다리	13-4/30
경계 울타리에 붙어 있는 계단(steps)	24/1
경계 울타리를 지지하고 있는 모난 지주나 당김 밧줄(guy wires)	24/2
경계 울타리 기둥의 콘크리트 기초	24/3
경계선 안에 있는 경계 울타리의 일부	24/4
스윙에 방해가 되는 기울어진 울타리의 일부	13-2/20
플레이하고 있는 홀에서 의미가 없어진 경계 말뚝	24/5
돌(stone)	

- 워터 해저드 안의 옹벽에서 부서져 나온 돌 - 벙커 안에서 배수 장치 구실을 하는 돌	24/6 24/7
주차해 있는 자동차	24/8
나무 혹은 흙으로 된 계단	24/12
지하 배관에 의하여 올라온 잔디	24/14
OB 지역에 있는 움직일 수 있는 인공 물체(artificial object)	24-1/3
OB 지역에 있는 움직일 수 없는 인공 물체	24-2b/21
배수용 호스에서 움직일 수 있는 부분의 취급	24-2b/15.3
석회나 페인트로 지면에 그은 선이나 마크	24-2b/20
경계 울타리에 설치된 문(gate)	27/18

6) 비정상적인 코스 상태와 관련된 물건의 규칙상 취급을 해설하고 있는 재정들(15개)

〈표 2-24〉 비정상적인 코스 상태와 관련된 물건의 규칙상 취급을 해설하고 있는 재정

비정상적인 코스 상태와 관련된 물건	재정
퍼트 선상에서 자라고 있는 버섯	16-1a/15
관객 정리용 말뚝의 제거로 변경된 라이(lie)	20-3b/3
무르고 걸쭉한 흙(soft, mushy earth)	25/1
워터 해저드에서 넘쳐나온 물	25/2
침(saliva)의 취급	25/6
수리지 안에서 생장하고 있지 않은 식물	25/10.9
깎아놓은 풀(grass cuttings)	25/11
전체적으로 수리 중인 벙커	25/13
에어레이션 구멍(aeration holes)	25/15

트랙터가 낸 바퀴자국(rut)	25/16
워터 해저드 말뚝을 제거한 후 생긴 구멍	25/18
구멍 파는 동물/파충류/새의 발자국(footprint)	25/19.5
두더지가 만든 흙무더기(Molehills)	25/23
1그린 2역의(double green) 반쪽 그린에 대한 취급	25-3/1
1그린에 있는 2개의 홀 중 사용하지 않는 홀	16/7

7) 사람(person)의 규칙상 취급을 해설하고 있는 재정들(6개)

〈표 2-25〉 사람의 규칙상 취급을 해설하고 있는 재정

사람	재정
카트로 플레이어의 클럽을 운반하는 사람	6-4/2.5
캐디에 추가하여 우산을 받쳐주는 사람	6-4/5
클럽 이외의 물건을 나르는 추가 인원	6-4/5.3
추가 클럽을 운반하는 캐디 이외의 사람	4-4a/16
공용 카트에 타고 있는 사람	19/2
팀의 캡틴이나 코치	33-1/11.5

8) 로컬 룰과 관련된 물건의 규칙상 취급을 해설하고 있는 재정들(6개)

〈표 2-26〉 로컬 룰과 관련된 물건의 규칙상 취급을 해설하고 있는 재정

로컬 룰과 관련된 물건	재정
나무 뿌리 웅덩이	33-2a/10.5
뽑혀서 옮겨진 경계 말뚝	33-2a/20

플레이어들이 정한 출발시간	33-3/1
콘크리트 배수로	33-8/36.5
모래와 유사한 재료(예: 분쇄한 조개 껍데기 가루)	33-8/40
환경상 취약 지역 안에서 뿌리를 내린 생장물	33-8/44.5

3
매치 플레이와
스트로크 플레이에 대한 이해

3

매치 플레이와 스트로크 플레이에 대한 이해

인천 송도에서 개최된 2015년 프레지던츠 컵의 경기방식이 바로 매치 플레이 방식이다. 매치 플레이에 대한 용어의 정의는 골프 규칙의 문안(text) 속에 내부적 용어의 형태로 정의되어 있다. 매치는 한편이 다른 편에 대항하여 정규 라운드를 플레이하는 것으로 이루어지며, "각 홀마다 승패를 결정하여(골프 규칙 2조 1항)," "한편이 경기를 끝내지 않은 홀 수보다 더 많은 수의 홀을 이긴 편이 승자가 되는(골프 규칙 2조 3항)" 경기방식이다.

매치의 상태에 대한 설명은 규칙 2조 1항의 내용 속에 있고, 매치 플레이의 종류에 대해서는 용어의 정의 "매치 플레이 방식"에서 설명하고 있다.

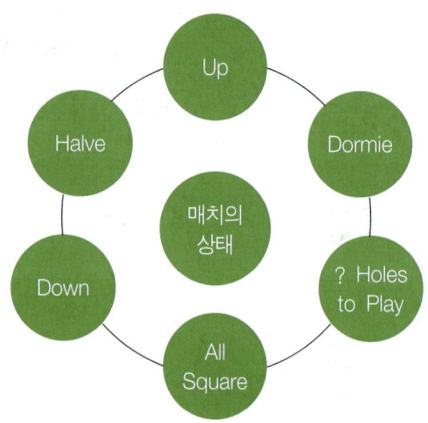

매치의 상태(The state of the match)는 이기고 있는 편을 기준으로 몇 개 "홀 업(holes up)" 또는 "올 스퀘어(all square)" 그리고 "몇 홀 남았다(to play)"라는 용어를 사용한다(규칙 2조 1항).

이긴 홀 수가 플레이할 나머지 홀 수와 같을 때 그 편은 "도미 (dormie)"라고 한다. 도미는 "잠을 자다"라는 뜻을 갖고 있는 라틴어 dormire라는 말에서 유래되었다고 하는데, 플레이어가 잠을 자도 유리 한 상황이라는 것을 의미한다고 볼 수 있다. 진 편은 업(up) 대신에 다운(down)이 되며 각 홀마다 이기거나(지거나) 비기기 마련이다. 이 를 종합하여 표로 나타내면 〈표 3-1〉과 같다.

매치 플레이 방식에는 6개가 있다. 전형적인 백주의 결투로 1:1인 싱글, 1:2(2명은 1개의 볼로 플레이)인 스리섬, 2:2(각 편은 1개의 볼로 플레이)인 포섬, 3명이 1:1 매치 3개를 동시에 하는 스리볼, 1:2나 1:3인 베스트볼(각자 자신의 볼로 플레이), 2:2인 포볼(각자 자신의 볼로 플레

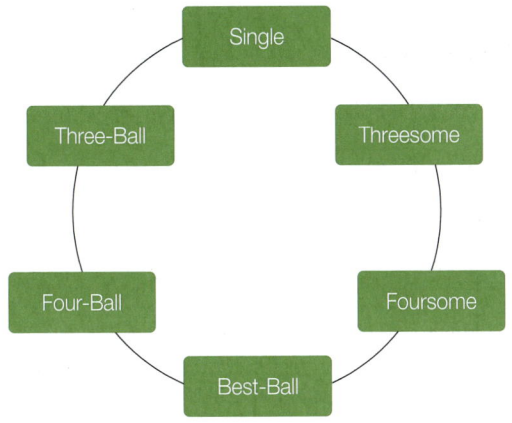

이) 등 6개 방식이다(〈표 3-2〉 참조).

매치 플레이만을 규정하는 규칙 조항들은 규칙 2조(매치 플레이)와 규칙 30조(스리볼, 베스트볼 및 포볼 매치 플레이) 전체, 규칙 29조(스리섬과 포섬)의 2항(매치 플레이)이 있다. 또한 규칙 6-2a(매치 플레이의 핸디캡), 규칙 7-1a(매치 플레이의 연습), 규칙 9-2(매치 플레이의 타수의 보고), 규칙 10-1a(매치 플레이의 플레이 순서), 규칙 11-4a(매치 플레이에서 티잉 그라운드 밖에서의 플레이), 규칙 15-3a(매치 플레이의 오구), 규칙 18-3(매치 플레이에서 상대방, 캐디 또는 휴대품에 의하여 정지하고 있는 볼이 움직인 경우), 규칙 19-3(매치 플레이에서 상대방, 캐디 또는 휴대품에 의하여 움직이고 있는 볼이 방향이 변경되거나 정지된 경우), 규칙 20-7b(매치 플레이의 오소에서의 플레이), 규칙 34-1a(매치 플레이의 클레임과 벌) 등이 있다. 이처럼 매치 플레이 방식은 스트로크 플레이 방식과 함께 골프 규칙을 양분하고 있다고

〈표 3-3〉 매치 플레이 vs 스트로크 플레이를 기준으로 34개 조 규칙 분류

매치 플레이 vs 스트로크 플레이	규칙의 개수	규칙
매치 플레이만을 위한 규칙	2개	- 2조 - 30조
스트로크 플레이만을 위한 규칙	3개	- 3조 - 31조 - 32조
규칙 내에 매치 플레이를 위한 별도의 항을 보유하고 있는 규칙	11개	- 6-2a - 7-1a - 9-2a, b - 10-1a, b, c - 11-4a - 15-3a - 18-3a, b - 19-3 - 20-7b - 29-2 - 34-1a
동일한 규칙 적용	18개	- 벌타의 차이만 있음 (그 홀의 패 vs 2 벌타)
총합	34개 조	

표현하여도 무리가 없다(〈표 3-3〉 참조).

매치 플레이 방식은 가장 공평한 경기 방식이라 불린다. 같은 시간에, 같은 코스에서, 똑같은 조건으로 1:1로 경쟁하기 때문이다. 오전과 오후로 나뉘어서 출발할 이유도 없고, 기상조건이 다를 수도 없다.

한 대회당 최대 참가선수는 2^n명이다. 예를 들면, $2^5 = 32$명, $2^6 = 64$명, $2^7 = 128$명 식이다. 탈락이냐, 다음 라운드 진출이냐가 단 한 번의 매치에서 결정되는 녹아웃 방식이다. 매 홀마다 승부가 갈리기에 대결의 긴장감을 고조시킬 수 있다. 이러한 이유로 국가 대항전, 대륙 간 대항전의 경기방식으로 채택되고 있다.

초창기의 골프 경기는 예외없이 매치 플레이 경기방식이었으나, 골프인구가 증가하고 TV 시대가 도래하면서 스트로크 플레이 경기방식에 주전 자리를 내주었다. 매치 플레이는 참가선수가 대개의 경우 많아야 64명으로 제한될 수밖에 없고, 경기시간을 예측할 수 없으며(짧은 경기는 10홀 안에 끝날 수도 있고, 길게는 연장하는 홀 수가 18홀 이상일 수도 있음), 우승자를 가리기까지 시일이 많이 소요된다는(1일 1라운드로 진행된다면 64강전인 경우 6일 소요) 단점들 때문이었다. 더욱이 유명한 선수인 상위 시드권자가 초반에 탈락한다면 대회 수준 및 흥미가 급감할 수 있으며, 1:1 대결에 따른 TV 중계상의 어려움도 많다.

이러한 단점들에도 불구하고 매치 플레이 경기 방식은 라이더 컵(Ryder Cup), 프레지던츠 컵(President's Cup), 솔하임 컵(Solheim Cup), 워커 컵(Walker Cup), 커티스 컵(Curtis Cup) 등에서 살펴볼 수 있듯이 긴박감 있는 팀 대결 방식으로 식지 않는 인기를 구가하고 있는 중이다.

우리나라에서도 최근 WGC 액센츄어 월드 매치 플레이 챔피언십과 같은 방식으로 KPGA, KLPGA에서도 64강전의 매치 플레이 챔피언십을 개최하고 있으며, 퀸즈 컵 등 국가별 또는 대륙 간 대항전도 도입하고 있는 추세에 있다.

Ⅰ. 매치 플레이와 스트로크 플레이 방식의 차이점들

골프 규칙 33조 1항에서 "스트로크 플레이에 관한 규칙 중 어떤 규칙은 매치 플레이의 규칙과는 본질적으로 다르기 때문에 그 두 경기방식을 혼합해서 플레이할 수 없고 또한 허용되지도 않는다"고 규정하고 있다. 〈표 3-3〉에서 살펴본 바와 같이 34개 조의 골프 규칙 중 2조와 30조는 매치 플레이에만 적용되며, 매치 플레이를 위한 별도의 조항을 갖고 있는 규칙도 11개 조에 이르고 있다. 다음에서 골프 규칙을 양분하고 있는 매치 플레이와 스트로크 플레이의 주요한 차이점을 살펴보자.

상대방(opponent) vs 동반 경기자(fellow-competitor)

경기에 참여하고 있는 선수를 플레이어라고 한다. 매치 플레이에서 대항하여 경기하고 있는 다른 편의 플레이어를 상대방이라고 지칭한다. 스트로크 플레이에서 경기하고 있는 플레이어는 경기자(competitor)가 되며, 경기자와 함께 같은 조에서 플레이하는 선수가 동반 경기자가 된다.

명칭뿐만 아니라 규칙에서의 취급도 판이하다. 매치 플레이에서 상대방은 국외자가 아니라 매치의 당사자이다. 따라서 상대방, 그의 캐디와 그들의 휴대품은 국외자가 아니다. 플레이어의 볼을 찾는 중이 아닐 때 상대방, 그의 캐디 또는 그의 휴대품이 그 볼을 움직이면 상대방은 벌타를 받는다(규칙 18-3).

이와는 대조적으로 스트로크 플레이에서는 동반 경기자, 캐디 또는 그의 휴대품이 플레이어의 볼을 움직이더라도 국외자가 움직인 것으로 간주되기 때문에 벌이 없다(규칙 18-4).

그 홀의 패 vs 2 벌타

매치 플레이의 벌타 규정은 1 벌타—그 홀의 패—실격인 반면에 스트로크 플레이는 1 벌타—2 벌타—실격[4]으로 되어 있다. 두 플레이 방식 모두 워터 해저드 구제와 분실구 구제 또는 언플레이어블 볼 구제 등 16가지 상황에서 1 벌타를 받는다.

벌타를 받은 사실을 스트로크 플레이에서는 마커에게 알려야 하지만(규칙 9조 3항) 알리지 않더라도 스코어 카드에 적확하게 기록하는 한 벌타를 추가로 받지는 않는다. 대조적으로 매치 플레이에서는 벌을 받은 사실을 상대방에게 될수록 빨리 통보하지 않았을 경우에 오보를 제공한 것으로 간주되어 그 홀의 패가 된다.

스트로크 플레이에서 일반의 벌은 2 벌타(규칙 3조 5항)이나 매치 플레이에서 규칙 위반의 벌은 그 홀의 패이다. 달리 말하면 스트로크 플레이에서 2 벌타 상황은 매치 플레이에서 그 홀의 패라고 볼 수 있다.

실격의 벌 상황은 매치 플레이 방식이나 스트로크 플레이 방식에서

---

4 스트로크 플레이에서 실격의 벌을 받는 상황이 2016년 1월 1일부터 규칙 개정으로 2가지 경우에서 완화되었다. 홀에 대한 스코어의 오기(6-6d)는 일반적으로 실격의 벌을 받게 되지만 벌타 상황을 모르고 오기한 경우에는 실제 야기한 벌타와 추가로 2 벌타를 부과받게 되고 실격의 벌은 면하도록 개정되었다. 인공의 기기, 비정상적인 장비 및 장비의 비정상적인 사용(14조 3항)도 실격에서 처음 위반에는 2 벌타, 추후 위반은 실격으로 완화되었다.

규칙	상황
5-3	플레이에 부적합한 볼(절차)
6-8c	플레이 중단 시 볼 집어 올리기(절차)
12-2	볼의 확인(절차 또는 불필요한 볼 닦기)
14-4	두 번 이상 치기
16-2	홀에 걸쳐 있는 볼
18-2	플레이어, 파트너, 캐디 또는 휴대품에 의하여 정지하고 있는 볼이 움직인 경우
19-2	플레이어, 파트너, 캐디 또는 휴대품에 의하여 움직이고 있는 볼이 우연히 방향이 변경되거나 정지된 경우
20-1	볼을 집어 올리기와 마크하기(절차)
20-2a	드롭하는 사람과 방법(절차)
20-3a	플레이스와 리플레이스(절차: 다른 사람에 의한 경우)
21	볼 닦기(허용되지 않은 경우)
24-2	움직일 수 없는 장해물에 의한 방해(벙커 밖으로의 구제)
25-1	비정상적인 코스 상태에 있는 볼(벙커 밖으로의 구제)
26	워터 해저드 안에 들어간 볼(워터 해저드 밖으로의 구제)
27	분실구 또는 아웃 오브 바운드 볼; 잠정구
28	언플레이어블 볼

---

5 "Group of Rules to remember"(www.throughthegreen.org) 참조. 매치 플레이에 서만 1 벌타 상황: 규칙 18-3b 위반(매치 플레이에서 볼을 찾는 중이 아닐 때 상대방, 캐디 또는 휴대품에 의해서 정지하고 있는 볼이 움직인 경우). 스트로크 플레이에서 만 1 벌타 상황: 경기 조건에서 규칙 6조 7항 위반에 대한 벌을 위원회가 첫 번째 위반에 대한 벌을 1 벌타로 수정한 경우.

규칙	상황
3-2	홀 아웃하지 않은 경우
11-4b	티잉 그라운드 밖에서의 플레이
11-5	다른 티잉 그라운드에서 쳤을 때
15-3b	오구 플레이
20-7c	오소에서의 플레이(중대한 위반)
29-3	잘못된 순서로 플레이한 경우(스리섬/포섬)

대체적으로 공통이다. 다만 티잉 그라운드 밖에서 친 볼이나 홀 아웃 여부에서 매치 플레이에서는 실격의 개념이 없으나 스트로크 플레이에서는 시정하지 않으면 실격의 벌을 받게 된다. 오구 플레이의 경우에 스트로크 플레이에서 시정하지 않았다면 실격이지만 매치 플레이에서는 그 홀의 패이다. 오소 플레이의 경우에 매치 플레이에서는 중대한 오소 플레이란 개념이 없어서 그 홀의 패이나 스트로크 플레이에서는 중대한 오소인 경우에 시정하지 않으면 경기실격의 벌을 받게 된다.

규칙 1조 2항의 경우에는 중대한 위반일지라도 플레이어에게 미치는 영향이 다르기 때문에(재정 1-2/0.5 참조) 스트로크 플레이에서는 실격일 수 있으나 매치 플레이에서는 2 벌타일 수도 있고 실격일 경우가 있다.

스트로크 플레이어에서는 한 홀의 플레이 중에 경기자가 자신의 권리 또는 올바른 처리 절차에 관하여 의문이 있는 경우에 벌 없이 2개의 볼로 그 홀을 끝마칠 수 있다(규칙 3-3a). 이와는 대조적으로 매치 플레이에서는 처리 절차에 관한 의문이 있을 지라도 제2의 볼을 플레이할 수는 없다(규칙 2-5 주2). 이러한 경우에 플레이어는 클레임을 제기할 수 있으나(규칙 2-5), 클레임이 유효하기 위해서는 이에 합당한 절차를 충족시켜야만 한다(재정 2-5/2 참조).

규칙 위반

매치 플레이는 이해관계의 당사자가 대항하여 플레이하고 있는 두 사람뿐이다. 플레이어는 자신의 권리를 보호하기 위하여 합당한 행동을 할 수 있고, 분쟁과 클레임은 두 당사자 간에 해결하는 것이 원칙이다.[6] 이러한 견지에서 레프리도 동행하지 않는 한 규칙 1-3, 6-7 또는 33-7에 관련된 경우 이외에는 간섭할 권한이 없는 것이다(용어의 정의).

플레이어는 매치 플레이에서 합의가 없다면 상대방의 규칙 위반을 무시할 수도 있다(규칙 2-5 주 1). 따라서 규칙을 위반하였을지라도 벌을 받지 않을 수도 있는 것이다. 이와는 정반대로 매치 플레이에서 규칙 위반이 없었을지라도 벌을 받게 되는 결과를 초래할 수도 있다. 예를 들면, 무효인 클레임을 근거로 홀의 승리를 양보했다면 그 시점에

---

6 Richard S. Tufts, *The Principles Behind the Rules of Golf* (3rd Ed: USGA, 2016), pp.17-19 참조.

그 홀의 패가 된다(재정 2-4/12 참조). 또한 무효인 클레임에 대하여 이의를 제기하지 않은 경우에도 상대방의 클레임은 유효한 것이 되고 그 결과로 그 홀의 패가 될 수 있다(재정 2-5/5 참조).

위의 두 경우에서 살펴볼 수 있는 바와 같이 매치 플레이에서는 규칙 위반에 대해서 벌을 받지 않을 수도 있으며, 규칙 위반을 하지 않고서도 벌을 부여받는 결과를 초래할 수도 있는 묘한 상황이 연출되기도 한다.

스트로크 플레이에서는 규칙 위반에 대해서는 상응하는 벌을 받아야 하며, 레프리나 위원회는 목격하거나 보고된 규칙 위반에 대하여 재정을 내려야만 한다. 매치 플레이에서처럼 규칙 위반에 대하여 벌을 받지 않게 되는 상황은 있을 수가 없는 것이다.

예를 들어 예외적인 상황으로 방해받지 않는 한 출발 시간보다 5분 늦게 티잉 그라운드에 도착했다면 스트로크 플레이에서는 예외 없이 경기 실격의 벌을 받게 된다. 그러나 레프리가 동반하지 않는 매치 플레이에서는 규칙 6-3a의 위반을 무시하기로 했다면(합의한 것이 아니라) 벌은 없다.[7] 클레임이 신속히 제기되지 않는 한 위원회도 이에 개입할 근거가 없게 된다(규칙 34-1a 참조).

양보의 유무
매치 플레이는 매치의 승리와 홀의 승리를 양보할 수 있으며 다음

---

7 "Are there Differences in the Rules of Golf for Match Play and Stroke Play?" (www.throughthegreen.org), p.2.

스트로크를 면제해 줄 수 있다. 이 점이 바로 스트로크 플레이와 대비되는 현저한 특징이다. 매치 플레이에서는 정규 라운드 18홀이라는 의미는 "양보"로 인하여 없어지게 된다. 첫 번째 홀을 시작하기도 전에 승리를 양보할 수도 있고, 5홀 마치고도 승리를 양보할 수도 있다. 양보 없이 플레이하더라도 9번 홀까지 홀마다 승리하였다면 10번 홀을 비기면서 9 & 8 승리로 10개 홀만 플레이할 수 있다. 18번 홀까지 All Square 상태라면 승패가 결정될 때까지 정규 라운드를 몇 홀이라도 연장할 수가 있는데(규칙 2-3), 30홀을 가더라도 하나의 정규 라운드인 것이다.

스트로크 플레이에서는 양보가 없다. 특히 짧은 거리의 퍼트일지라도 반드시 홀 아웃해야(규칙 3-2) 한다. 이 규칙의 위반은 경기실격이다. 스트로크 플레이에서 정규 라운드는 위원회가 따로 정하지 않는 한 18홀이다. 일단 플레이가 시작되면 기권하지 않는 한, 홀 수가 줄어드는 경우는 없다. 연장전의 개념인 플레이 오프(Play-off)는 매치 플레이처럼 홀의 연장이 아니라 새로운 라운드이다(재정 4-3/12 참조).

조 편성 방법 등 기타의 차이

우승자 결정 방법도 다르다. 스트로크 플레이는 1일 경기로 종료되던, 2일 예선 후 2일 결선으로 진행되던, 최소타를 기록한 플레이어가 우승자가 된다. 매치 플레이는 대진표에 의한 녹아웃 방법으로 우승자가 결정된다. 영화 제목처럼 마지막까지 생존하는 자가(last man standing) 우승자인 것이다.

핸디캡 부여 방법도 다르다. 스트로크 플레이에서는 자신의 핸디캡

이 스코어 카드에 기록되어 있는지를 확인하여(규칙 6-2b) 스코어 카드를 제출하면 위원회에서 그 적용을 책임진다(규칙 33-5).

　매치 플레이에서는 매치를 시작하기 전에 각자의 핸디캡을 확정하여야 하며(규칙 6-2a) 핸디캡의 차이를 홀별 난이도에 따라 부여한다. 따라서 핸디캡 스트로크를 주거나 받는 홀을 알아 두는 것은 플레이어의 책임이다(규칙 6-2 주 참조). 예를 들어 핸디캡 스트로크를 받을 수 있는 홀에서 그 사실을 잊어버리고 그 홀의 승리를 양보하였을지라도 돌이킬 수는 없는 것이다(재정 6-2a/4 참조).

　조 편성 방법도 다르다. 스트로크 플레이는 4인/3인/2인의 조 편성으로 오전 조, 오후 조로 나누어 출발하는 방법이 일반적이다. 기상상태의 조건 등 유·불리의 문제가 있기 때문에 2일간의 예선이 있는 경우에는 오전·오후 출발 조를 바꾸는 방법으로 공평한 여건이 마련되도록 노력하고 있다.

　매치 플레이는 1:1 대결 상황이기 때문에 기상상태 등의 조건으로부터는 자유스럽다. 다만 매치 플레이는 조 편성 방법이 대진표(draw)에 의한다. 예를 들어 64강전의 매치 플레이 방식이라면 8등분 조 편성표에 따라 64명의 플레이어들을 나누어서 배치하여야 한다. 64명의 순위를 결정할 때 예선 라운드 성적이나 랭킹(예: 세계랭킹) 또는 제비뽑기 방법이 활용된다. 매치 플레이에서는 순위 결정 방법이나 시드 부여 방법 등에서 공정성 문제가 야기될 수 있다.

II. 타수의 보고와 매치 플레이

　　　　　　　　매치 플레이는 각 홀마다 승패를 결정한다(규칙 2-1). 한 홀에서의 승패는 상대방이 친 샷에 플레이어가 어떻게 대응하느냐에 따라서 갈릴 수밖에 없다. 따라서 "상대방은 한 홀의 플레이 중에는 그때까지 플레이어가 친 타수를, 한 홀의 플레이가 끝난 뒤에는 방금 끝난 그 홀에서 친 타수를 플레이어로부터 확인할 권리가 있다(규칙 9-2a)."

　규칙 9조 타수의 보고는 매치 플레이에서 상대방이 친 타수를 포함하여 매치의 상태(The status of the match)를 알 권리를 보장하기 위한 규칙이다.[8] 스트로크 플레이에서는 플레이어가 그 경기에 참여하고 있는 불특정 다수와 경쟁하는 방식이고 다른 플레이어들의 타수를 필요할 때마다 확인할 수도 없으며, 또한 그러할 필요도 없다. 가능하다면 최소타로 플레이하면 그뿐이다. 매치 플레이에서는 플레이어가 어떠한 샷을 해야 하는지는 상대방이 친 샷에 크게 의존할 수밖에 없고, 따라서 상대방이 친 타수는 중요한 정보인 것이다.

　규칙 9조에는 타수(strokes taken)와 오보(wrong information)에 대한 용어의 정의가 규칙의 문안 속에 내재되어(internal definition) 있다. 타수는 벌타를 포함하는 것이고(규칙 9-1), 오보는 벌타(규칙 9-2b(i)), 한 홀의 플레이 중에 친 타수(규칙 9-2b(ii))와 그 홀의 플레이

---

8 R. S. Tufts(2016), p.20 참조.

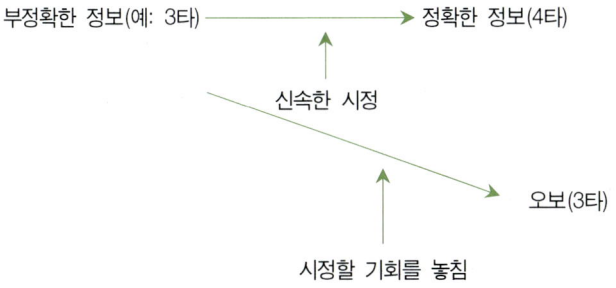

를 끝마쳤을 때의 타수(규칙 9-2b(iii))에 관한 부정확한 정보(incorrect information)를 제공하고 적절한 시간 내에(될수록 빨리, 또는 다음 스트로크 전이나 다음 티잉 그라운드에서 플레이하기 전) 시정하지 않은 경우라도 오보를 제공한 것으로 간주(deemed to have given wrong information)된다.

〈표 3-7〉 신속한 시정을 판단하는 기준

시정할 대상	기준
벌타	- 될수록 빨리(as soon as practicable) - 다음 스트로크하기 전에 반드시 통보해야 되는 것은 아님 (재정 9-2/1 참조)

부정확한 정보	- 다음 스트로크하기 전
	- 상대방이 볼 위치를 마크한 동전을 집어 올리기 전
	  (재정 9-2/5 참조)
	- 상대방이 볼을 집어 올리기 전(재정 9-2/6 참조)
	- 상대방이 플레이어의 다음 스트로크를 면제해 주기 전
	  (재정 9-2/7 참조)

위에서 살펴본 바와(〈표 3-6〉과 〈표 3-7〉 참조) 같이 타수에 관한 부정확한 정보는 시정할 수 있는 시점을 놓치는 순간 오보가 되고, 이 결과로 그 홀의 패가 된다. 다만, 골프 규칙에 대한 부정확한 정보(재정 9/1 참조), 볼의 식별번호를 잘못 읽어준 것(재정 9-2/11 참조)과 상대방이 한 홀의 결과나 매치의 상태에 관하여 잘못 진술한 것을 플레이어가 듣고서 묵인한 행위는(재정 9-2/12 참조) 오보가 아니다.[9]

III. 플레이 순서와 매치 플레이

플레이 순서를 규정하고 있는 규칙은 10조이다. 홀을 출발할 때의 플레이 순서(편성표의 순서에 따라 출발, 없으면 제비뽑기), 홀의 플레이 도중의 플레이 순서(원구선타), 잘못된 순서로 플레이한 경우(무벌, 매치 플레이에서는 선택권 있음)에 대해서 규정하고 있다.

규칙 29조, 30조, 31조는 편(side)으로 나누어 대항하는 경기 방식에서의 플레이 순서에 대한 규정이다. 규칙 22조와 규칙 32조 1항은 스트로크 플레이 방식에서 특수한 경우에서의 플레이 순서에 대한 규정

---

9 플레이어가 고의로 규칙에 관한 부정확한 정보를 제공한 것이 입증되거나(재정 9/1) 매치의 상태에 관한 오해를 의식적으로 시정해 주지 않으면(재정 9-2/2) 규칙 33-7에 의하여 경기 실격의 벌을 받게 된다.

골프 규칙		플레이 순서
10조	1항	매치 플레이에서의 플레이 순서
	2항	스트로크 플레이에서의 플레이 순서
	3항	티잉 그라운드에서의 잠정구 또는 다른 볼을 칠 경우의 플레이 순서
22조 1항, 2항		자신의 볼을 집어 올리도록 요구받은 플레이어는 볼을 집어 올리지 않고 먼저 플레이할 수 있음
29조 1, 2, 3항		스리섬과 포섬에서의 플레이 순서 위반에 대한 벌타 규정
30조 3b		베스트볼과 포볼 매치 플레이에서의 플레이 순서
31조 4항		포볼 스트로크 플레이에서의 플레이 순서
32조 1항		핸디캡 적용 보기, 파 및 스테이블포드 경기에서의 아너

을(〈표 3-8〉 참조) 갖고 있다.

스트로크 플레이에서 플레이 순서는 경기자들 중 한 사람을 유리하게 하기 위하여 순서를 바꾸도록 합의하지 않는 한(규칙 10-2c 규정에 의하여 전원 경기 실격), 순서에 얽매이기보다는 준비가 된 플레이어가 먼저 플레이하여도(소위 ready golf[10]) 무방하다.

이와는 대조적으로 매치 플레이에서는 원구선타의 원칙이 플레이어의 권리이다. 이 권리를 보장하기 위하여 잘못된 순서로 플레이했을 경우에 상대방에게 즉시 그 스트로크를 취소할 수 있는 선택권을 보장하고(규칙 10-1c) 있는 것이다.

---

10 "Order of Play in Match Play"(www.throughthegreen.org), p.1.

플레이 순서를 결정함에 있어서 규칙 10-1b 주(거의 유사한 규칙 10-2b 주 포함)의 규정은 유의하여야 한다. 매치 플레이에서 A는 250미터 지점 페어웨이로, B는 270미터 지점 왼쪽 러프로 티샷을 보냈을 경우에 플레이 순서는 원구가 멎어 있는 위치에 따라 결정되어 A가 먼저 플레이해야 한다. B가 러프에서 언플레이어블 볼 처리를 하면 B는 28a, 28b 또는 28c의 옵션 중 28a를 선택하여 티잉 그라운드로 돌아가서 플레이할 수 있을지라도 A가 먼저 플레이하여야 한다. 그러나 B의 볼이 분실구가 된다면 플레이 순서는 B가 앞서 스트로크했던 지점에 의하여 결정되기 때문에 B가 먼저 플레이해야만 한다.

이 상황에서 A가 먼저 플레이하였다면 B는 A의 스트로크를 취소하고 다시 치도록 할 수 있을까? 이 상황에서는 A가 플레이할 당시에 B의 볼이 분실구가 되어서 티잉 그라운드로 되돌아가야만 한다는 사실을 알았을 경우에는 잘못된 순서로 플레이한 것이 되어 B는 A의 스트로크를 취소할 수가 있다. 그러나 A가 플레이할 때에 B의 상황을 몰랐을 경우에는 순서대로 플레이한 것이기 때문에 A의 스트로크를 취소할 수는 없다.[11]

매치 플레이에서 플레이 순서는 규칙 9조에서 별도로 규정하고 있듯이 매치 플레이 전략의 중요한 부분이다. 매치 플레이는 1:1 대결

---

11 위의 글, p.2(2003년 워커 컵 포섬 매치에서의 상황 참조). 참고로 앞서 스트로크한 곳에서 다음 스트로크를 해야만 하는 경우는 스트로크와 거리의 경우 2가지(규칙 27-1b와 27-1c)와 스트로크를 취소하고 다시 플레이해야만 하는 경우 6가지(규칙 5-3, 10-1c, 19-1b, 19-3, 19-5b, 로컬 룰로 임시 동력선에 맞은 경우 취소를 규정한 경우) 등 8가지 경우가 있음.

상황이어서 매 스트로크마다 상대방의 스트로크에 맞대응해야 하기 때문에 플레이 순서는 중요한 고려요소일 수밖에 없다.

이러한 고려요소가 극대화되는 예가 바로 포볼 매치 플레이에서의 플레이 순서이다. "같은 편에 속한 볼은 그 편이 정한 임의의 순서대로 플레이할 수 있기(규칙 30-3b 참조; 포볼 스트로크 플레이의 플레이 순서도 동일한 규정을 갖고 있다. 규칙 31-4 참조) 때문이다. 규칙 30-3b와 규칙 31-4는 플레이 순서를 규정하고 있는 규칙 10-2의 예외규정이라고 볼 수 있다(재정 31-4/2 참조). 원구선타가 아닌 그 편이 정한 임의의 순서로 플레이할 수 있도록 허용하고 있기 때문이다.

매치 플레이 방식의 경기에서는 기선제압의 한 방편으로, 공격적인 전술과 보수적인 공략 방법의 혼용책으로 또는 심리전의 일환으로 플레이 순서를 적극적으로 활용하고 있다. 다만 플레이 속도를 부당하게 지연시키면서 활용할 수는 없고(재정 31-4/2 참조), 자신의 편이 원구선타에 의하여 플레이할 수 있는 순서를 가졌을 때에만 임의로 플레이 순서를 활용할 수 있다는 사실을 유념해야만 한다.

4

골프의 3대 원칙과
관련된 규칙들

4

골프의 3대 원칙과 관련된 규칙들

　　　　　골프 경기는 규칙에 따라서 1개의 볼을 클럽으로 티잉 그라운드에서 플레이하여 1스트로크 또는 연속적인 스트로크로 홀에 넣는 것으로 이루어진다(규칙 1-1 총칙 참조). 축구와 야구, 테니스와는 대조적으로 표준화되어 있는 경기장이 아니라 골프 경기는 같은 것이라고는 홀의 크기와 홀의 개수 18개라는 사실을 제외하고는[12] 산, 바다 또는 호수를 포함한 넓은 자연을 경기장으로 설정하여 이루어지기 때문에 경기장은 같은 경우가 없다. 따라서 모든 경기장은 다른 것이다.

---

[12] Richard S. Tufts, *The Principles behind the Rules of Golf* (3rd Edition), p.5.

경기가 이루어지는 경기장인 코스는 "위원회가 설정한 모든 경계선 이내에 있는 전 지역(용어의 정의)"이다. 골프 경기는 변화무쌍한 코스의 자연 조건들을 그대로 받아들이는 데에서 출발한다. 즉 코스는 그 상태 그대로 플레이해야 한다(Play the course as you find it). 더불어 자신의 볼을 놓여 있는 그대로 플레이(Play the ball as it lies)하여야 한다. 이 두 가지가 골프 경기의 2대 원칙이고[13] 이를 Richard Tufts는 다음과 같이 요약하고 있다;

> "홀을 출발할 때 자신의 볼을 인 플레이한다.
> 코스는 그 상태 그대로 플레이하라. 자신의 볼로만 플레이하라.
> 홀 아웃하여 그 볼을 집어 올리기 전에는 접촉하지 마라."[14]

골프 경기의 2대 원칙을 뒷받침하여 모든 플레이어들이 똑같은 경기(The same game)를 플레이할 수 있도록 하는 것이 골프 규칙의 목적이다.[15] 코스를 그 상태 그대로, 볼을 놓여 있는 그대로 플레이할 수 없다면(예를 들어 워터 해저드 깊숙이 볼이 빠졌을 경우), 공정하게 플레이해야(play fair) 한다.

Joseph Dey는 이 원칙을 골프 경기의 세 번째 중요한 원칙으로 강조하고 있다.[16] 골프 경기는 모든 플레이어들이 스스로도 심판이 된

---

13 위의 글, pp.9-12 참조.
14 위의 글, p.13 참조.
15 Joseph C. Dey, Jr. "Some Principles behind the Rules of Golf," *USGA Journal and Turf Management* (Feb. 1953), p.13(http://www.oga.org/docs/rules/1953 principles.pdf) 참조.

다는 점에서 특별한 스포츠이다. 골프 규칙의 첫 번째 장인 "에티켓: 코스에서의 행동"에서 절제된 태도로 행동하고 예의를 지키며 스포츠 맨십을 발휘하여 플레이해야 한다는 점을 강조하고 있다.

다음에서 골프의 3대 원칙을 뒷받침하고 있는 플레이 규칙들 중 규칙 13조, 규칙 1조 2항을 중심으로 살펴보자.

I. 코스의 구성요소

코스는 경계선 이내에 있는 전 지역이다. 경계선 밖의 지역은 아웃 오브 바운드이다. 코스와 아웃 오브 바운드의 경계는 코스 안쪽 지점에 의해서 결정된다(용어의 정의).

경계선 이내에 있는 전 지역인 코스는 4가지 구성요소에 의해서 이루어져 있다. 스루 더 그린의 용어의 정의에서 살펴볼 수 있듯이, 코스는 티잉 그라운드, 퍼팅 그린, 해저드와 스루 더 그린의 4가지로 구성되어 있다. 해저드는 벙커와 워터 해저드로 이루어져 있다. 코스를 구성요소별로 나누어서 살펴보는 이유는, 첫째로 경계와 한계를 정하는 문제, 둘째로 볼이 코스의 어디에 놓여 있느냐의 판정 문제가 중요하기 때문이다.

---

16 위의 글, pp.13-16 참조.

위원회는 코스의 경계와 한계를 명확하게 설정해 놓아야 한다(규칙 33-2a). 이에는 i) 코스와 아웃 오브 바운드, ii) 워터 해저드와 래터럴 워터 해저드의 한계, iii) 수리지, iv) 장해물 및 코스와 분리될 수 없는 부분 등이 포함된다(규칙 33-2a).

코스의 경계와 한계를 명확하게 설정하고 정확하게 표시하는 것은 (marking the course)[17] 골프 경기의 개최를 위해서도 필수 불가결할 뿐만 아니라 애매한 규칙 상황을 회피할 수 있도록 하여 원활한 진행을 위해서도 선결되어야 할 일이다.

코스를 표시함에 있어서 OB와 관련하거나 워터 해저드의 정의에서 말하는 용어의 "코스 위(on the course)"라는 문구는 골프클럽이 소유하고 있는 부지를 의미하는 것이 아니라 오히려 위원회가 OB로 정하지 않은 모든 지역이라는 점을(재정 33-2a/11 참조) 유념할 필요가 있다.

아웃 오브 바운드의 경계는 수직 위 아래로 연장되며 말뚝이나 울타리 기둥을 기준으로 할 때 지표면에 접한 가장 가까운 코스 안쪽 지점에 의하여 한계가 정해지며 그 선 자체는 아웃 오브 바운드이다. 따라서

---

17 R&A, *Guidance on Running a Competition* (2009.1.1), pp.35-43 참조. 코스의 표시에는 아웃 오브 바운드, 워터 해저드, 수리지, 장해물, 환경상 취약지역(ESA)과 드롭 존 등이 포함된다. 이처럼 명확하게 표시된 코스 위에 티잉 그라운드와 홀 위치를 설정하여 코스 전장 거리를 확정하는 것을 코스 셋업(course set-up)이라고 한다. 이에 관한 지침으로는 *ibid.*, pp.44-51 참조.

선 안쪽이 코스 안이고 선 바깥쪽은 코스 밖이다.

볼의 OB 여부는 볼 전체가 아웃 오브 바운드에 놓여 있는 경우에 그 볼은 아웃 오브 바운드로 판정된다. 따라서 볼의 일부분만이라도 그 선에 걸쳐 있다면 그 볼은 코스 안에 있는 볼인 것이다. OB 지역에 있는 볼은 더 이상 인 플레이 볼이 아니며 오구이기 때문에 OB 지역에 있는 볼을 스트로크한 경우는 오구 플레이로 2 벌타를 받게 되며, 규칙 27-1에 규정된 1 벌타를 추가해서 받고 이 규칙에 의해서 처리하지 않으면 안 된다(재정 15/6 참조).

티잉 그라운드의 안이냐 밖이냐의 문제는 티 마커의 바깥 쪽 한계가 그 기준선이 된다. 코스의 안쪽 한계로 기준선이 정해지는 OB와는 대조적이다. 직사각형으로 된 구역인 티잉 그라운드 안에 있는 볼이냐의 여부는 볼 전체가 티잉 그라운드 밖에 놓여 있는 경우에 그 볼은 티잉 그라운드 밖에 있는 볼로 판정된다. 따라서 볼의 일부라도 바깥쪽 한계선에 걸쳐 있으면 그 볼은 티잉 그라운드 안에 있는 볼이다.

티잉 그라운드 밖에서의 플레이는 규칙 11-4에 규정되어 있다. 매치 플레이에서는 벌은 없으나 상대방이 즉시 그 스트로크를 취소하고 티잉 그라운드 안에서 다시 플레이하도록 요구할 수 있다(규칙 11-4a). 스트로크 플레이에서는 2 벌타를 받고 티잉 그라운드 안에서 다시 플레이해야 하며 그 잘못을 시정하지 않으면 경기실격이 된다(규칙 11-4b).

경기자가 티잉 그라운드 구역 밖에서 플레이하였는가의 여부는 사실에 관한 문제(a question of fact)로 다루어지며(재정 34-3/4 참조), 이를 판정할 때에 증거의 비중, 증언의 신뢰도 등이 참고로 고려되는 어려운 문제 중의 하나로 다루어지고(재정 34-3/9 참조) 있다.

코스의 구성요소 중 워터 해저드의 안이냐 밖이냐의 문제는 워터 해저드를 기준으로 경계의 바깥쪽 지점을 기준으로 수직 위와 아래로 연장되어(용어의 정의, 재정 26/1 참조) 판정된다. 벙커와 퍼팅 그린의 경우는 경계표시가 규정되어 있지 않기 때문에 용어의 정의에 입각하여 안과 밖을 판정하면 된다.[18] 예를 들어 퍼팅 그린은 퍼팅을 위하여 특별히 마련된 모든 장소 또는 위원회가 퍼팅 그린이라고 정한 모든 장소이기에(용어의 정의) 볼이 실제로 그린에 접촉하고 있는 경우에 그린 위에 있는 볼로 판정된다(재정 16/1 참조).

코스의 구성요소 간 서열 문제(Course hierarchy)[19]
코스는 티잉 그라운드, 퍼팅 그린, 스루 더 그린과 해저드 등 4가지

---

[18] 이러한 판정의 기준은 용어의 정의에서 제시되고 있다. 각각의 용어의 정의를 살펴보면 표현 방식에는 3가지가 있음을 알 수 있다. 첫째로 벙커, 캐주얼 워터, 수리지, 워터 해저드, 래터럴 워터 해저드 등에서 살펴볼 수 있듯이 "볼이 … 안에 놓여 있거나 볼의 일부가 … 에 접촉하고 있는 경우에 그 안에 있는 볼이다"처럼 규정되어 있는 경우이다. 둘째로 퍼팅 그린에서처럼 "볼의 어느 일부가 접촉하고 있는 경우 그 볼은 퍼팅 그린에 있는 볼이다"로 규정된다. 셋째 방식은 볼 전체가 아웃 오브 바운드에 놓여 있는 경우(OB), 볼 전체가 밖에 놓여 있는 경우(티잉 그라운드)를 들 수 있다. 이 경우에도 한계를 표시하는 기준선에 볼의 일부라도 접촉하고 있으면 코스 안에 있는 볼(OB의 경우), 티잉 그라운드 안에 있는 볼로 판정된다. 이러한 세 가지의 표현방식을 살펴볼 때에 대체적으로 볼의 일부라도 그 부분에 접촉하고 있다면 그 코스 부분에 놓여 있는 볼로 간주하여도 무방할 것이다.

[19] "Bounds, Margins and Course Hierarchy"(www.throughthegreen.org), pp. 1-2 참조. 이 글에서는 코스의 서열을 코스 〉 워터 해저드 〉 벙커 〉 퍼팅 그린 〉 스루 더 그린 〉 아웃 오브 바운드 〉 티잉 그라운드의 순서로 설정하고 있다. 여기서 코스, 아웃 오브 바운드와 티잉 그라운드의 경우는 안이냐(within 또는 inside) 밖이냐(outside)의 판정 문제이기 때문에 서열 문제로 접근하는 것은 바람직하지

로 구성되어 있다. 코스의 4가지 구성요소들은 겹치는 부분이 없다. 다만 경계를 공유하고 있다. 경계에 걸쳐 있는 볼은 코스의 두 가지(또는 그 이상) 구성요소 위에 접촉하고 있는 볼이다. 이러한 경우에 코스의 구성요소 간 서열 문제가 대두된다.

플레이어의 볼이 워터 해저드의 한계를 정하는 선에 접촉하고 있으나 벙커 혹은 퍼팅 그린에도 접촉하고 있는 경우에 어디에 놓여 있는 것으로 판정해야 할까? 워터 해저드 안에 놓여 있는 것으로(재정 26/1.5) 간주된다. 따라서 이 볼은 워터 해저드 규칙을 적용받게 된다(언플레이어블 볼 처리 불가, 비정상적인 코스 상태 구제 불가, 움직일 수 없는 장해물 구제 불가…). 그러므로 워터 해저드는 벙커보다, 벙커는 퍼팅 그린보다 우위에 있다고 유추할 수 있다.

퍼팅 그린과 스루 더 그린에 동시에 접촉하고 있는 볼은 퍼팅 그린

〈표 4-1〉 코스의 구성요소 간 서열

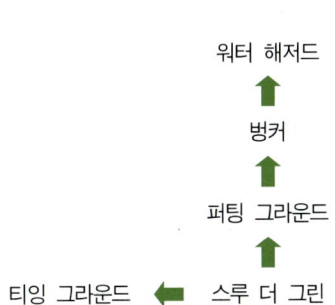

않다고 본다. 서열 문제는 볼이 코스의 두 곳 이상에 접촉하고 있을 경우에 그 볼이 코스의 어디에 있느냐의 판정 문제인 것이다. 따라서 이 책에서 코스의 서열 문제는 워터 해저드, 벙커, 퍼팅 그린, 스루 더 그린 등 4자 관계에서만 고려하였다.

위에 있는 볼로 보기에(재정 16/1 참조) 퍼팅 그린이 스루 더 그린보다
는 서열이 높다.

이상을 종합하여 살펴볼 때, 코스의 두 곳 이상에 접촉하고 있는
볼은 워터 해저드 〉 벙커 〉 퍼팅 그린 〉 스루 더 그린의 서열로 판정받
게 된다(〈표 4-1〉 참조).

코스의 구성요소별 규칙상 취급 시 관대함의 순위

코스의 4가지 구성요소 중 워터 해저드를 벙커와 워터 해저드로
구분하여 코스의 5개 부분(티잉 그라운드, 퍼팅 그린, 스루 더 그린,
벙커와 워터 해저드)에서 허용되는 행위 또는 금지되는 행위를[20] 간략
하게 표로 정리하여 보자.

다음의 〈표 4-2〉에서 살펴볼 수 있는 바와 같이 골프 규칙에서
가장 관대하게 취급되는 곳이 티잉 그라운드이다. 이슬과 서리뿐만이
아니라 물까지도 제거할 수 있다. 가장 엄격한 곳은 워터 해저드이다.
볼을 워터 해저드 안에 놓여 있는 그대로 플레이하는 행위와 움직일
수 있는 장해물 제거 이외에는 허용되는 행위가 없다.

허용되는 행위와 금지되는 행위를 살펴볼 때, 코스의 구성요소별
관대함의(또는 엄격함이 약한) 순서는 티잉 그라운드 〉 퍼팅 그린 〉 스

---

20 Brad Gregory, "The PGA Championship and Rule 13-4, again"(https//www.
university.usga.org), pp.1-2 참조. Gregory는 코스의 부분에 따라서 관대하게
(most favourable) 취급되는 부분이 있고, 엄격하게(least favorable) 취급되는
곳도 있음을 지적하여, 허용/금지되는 행위들을 고려하여 관대하게 취급되는 순서
를 티잉 그라운드 〉 퍼팅 그린 〉 스루 더 그린 〉 벙커 〉 워터 해저드라고 제시하고
있다.

〈표 4-2〉 코스의 구성요소별 허용/금지되는 행위

구분	허용되는 행위	금지되는 행위
티잉 그라운드	- 새로운 볼 사용 - 티 업 - 울퉁불퉁한 표면 만들기/ 　제거하기 - 이슬과 서리, 물 제거 - 루스 임페디먼트 제거	- 티 마커는 고정물(제거 금지) - 출발 시 구역 밖에서 볼 플레이
퍼팅 그린	- 마크 - 볼 집어올리기와 볼 닦기 - 볼 마크/홀 자국 수리 - 모래/흩어진 흙 제거 - 루스 임페디먼트 제거	- 퍼트 선 접촉 - 스파이크 자국 수리 - 퍼팅 그린 면 테스트
스루 더 그린	- 어드레스 시 클럽을 가볍게 　지면에 놓는 행위 - 루스 임페디먼트 제거	- "개선"하는 행위(규칙 13-2)
벙커	- 장해물 구제 - 비정상적인 코스 상태로부터의 　구제	- 규칙 13-4 a, b, c
워터 해저드	- 움직일 수 있는 장해물 제거	- 움직일 수 없는 장해물 구제 - 비정상적인 코스 상태 구제 - 언플레이어블 볼 구제 - 규칙 13-4 a, b, c

루 더 그린 〉 벙커 〉 워터 해저드임을 알 수 있다.

　구성요소 간 서열과 구성요소별 관대함의 순위를 볼이 코스상에 놓여 있는 부분과 관련지어 비교해 보면, 해저드에서는 엄격하게 볼 위치를 판정하고, 퍼팅 그린과 스루 더 그린에서는 플레이어에게 유리하게 규칙을 적용하고 있음을 알 수 있다. 볼의 일부라도 퍼팅 그린에 접촉하고 있다면 그 볼은 퍼팅 그린 위에 있는 볼로 판정되어 마크하고 그 볼을 집어 올려 닦을 수도 있다. 더욱이 볼 마크가 일부는 그린 위에 있고 일부는 그린 밖에 있는 경우에 볼 마크 전체를 수리할 수도 있다(재정 16-1c/1.5 참조).

II. 결과에 근거하는 규칙(Outcome-based Rule)[21] 으로서의 13조 2항

골프는 티샷한 볼로 홀 아웃하며 18홀을 마치는 게임이다. 이 과정에서 볼은 놓여 있는 그 상태 그대로 플레이하여야 한다. 플레이어의 기술로 스스로 코스 상태를 극복하며 앞으로 나아가야지, 코스 상태를 변경하여 도움을 받아서는 안 된다. 이를 명확하게 규정하고 있는 규칙이 바로 규칙 13조 2항이다.

규칙 13-2에서 개선을 금지하고 있는 코스 부분은 4곳이다. 첫째로 볼의 위치 또는 볼의 라이, 둘째로 의도하는 스탠스 구역이나 의도하는

---

21 "A Watch List of Nuances"(www.throughthegreen.org), p.1 참조. 결과에 근거하는 규칙의 대표적인 예로써 규칙 13-2와 규칙 11-4가 제시되고 있다. 이 규칙들은 플레이어의 의도와는 전혀 상관이 없으며, 플레이어의 행위가 초래한 결과에 근거하여 규칙을 적용하게 된다. 이와 대조적으로 의도에 근거하는 규칙(intent-based rule)의 예로써 규칙 1-2와 규칙 20-4를 들고 있다. 이 규칙들은 규칙을 적용하기 전에 플레이어의 의도가 무엇이었는지를 반드시 평가하여야 한다.

스윙 구역, 셋째로 플레이 선 또는 홀 너머 플레이 선의 적절한 연장선 부분, 넷째로 볼을 드롭하거나 플레이스할 지역이다. 이 4곳의 지면(ground), 생장물(예: 식물)과 고정물(예: OB말뚝)의 상태 변경이 금지된다.

규칙 13-2를 스탠스를 취할 때의 금지행위에 적용한 규칙이 규칙 13-3(스탠스의 장소를 만드는 것)이고, 볼이 해저드 안에 있을 때의 금지행위에 적용한 규칙이 규칙 13-4(해저드 안에 있는 볼; 금지되는 행위)이다. 규칙 13-4에 의하면 해저드의 상태를 테스트하는 것(규칙 13-4a), 해저드 안의 지면이나 수면을 손이나 클럽으로 접촉하는 것(규칙 13-4b), 해저드 안의 루스 임페디먼트를 접촉하거나 움직이는 것(규칙 13-4c)과 같은 행위를 해서는 안 된다.

규칙 13-2를 퍼팅 그린에서의 금지행위에 적용한 규칙이 규칙 16-1a(퍼트 선에 접촉), 규칙 16-1c(홀 자국, 볼 마크 및 다른 손상의 수리)와 규칙 16-1d(퍼팅 그린 면의 테스트)이다. 퍼팅 그린 위에서도 해당되는 구역을 개선하여 플레이하는 데 유리하도록 도움을 받아서는 안 된다.

규칙 13-2조는 가장 많이 위반되는 규칙이다.[22] 규칙 위반 여부는 플레이어의 의도와는 상관없으며, 플레이어의 행위의 결과로 플레이하는 데 잠재적인 유리한 점을 얻을 수 있도록 코스가 변경되었을 때 위반이 된다. 예를 들어, 볼에서 5야드 앞의 플레이 선상에 있는 작은 피치 마크를 수리한 경우를 살펴보자. 150야드 거리의 어프로치 샷을

---

22 Richard S. Tufts(2016), p.9.

하기 전이라면 위반이 아니다. 그러나 퍼팅 그린 밖에서 스트로크 하기 전이라면 플레이 선의 개선으로 규칙 위반이 된다(재정 13-2/0.5 참조). 같은 행위라도 상황에 따라서 다르게 판정된다는 점을 유의해야 한다.

규칙 13-2는 앞에서도 간략하게 언급한 바와 같이 행위의 결과에 근거하고 있는 규칙이다. 어떠한 의도로 그러한 행위를 했는지에 근거하기보다는 그러한 행위의 결과가 어떠한 영향을 끼쳤는지를 중요시한다. 행위는 플레이어의 의지가 작용하는 선택의 결과라는 점에서 의도와 그 행위의 결과는 서로 밀접하게 연결되어 있다. 그러므로 모든 규칙들을 이분법적으로 의도에 근거하는 규칙(예: 규칙 1-2)과 결과에 근거하는 규칙(예: 규칙 13-2)으로 분류할 수는 없다는 점을 유의해야 한다.

규칙 13-2가 결과에 근거하는 규칙일지라도 플레이어의 의도가 중요한 판단기준이 되는 경우도 있다. 스루 더 그린에서 스윙에 방해가 되는 자연물이 떼어진 상태인가의 여부를 확인할 목적(의도)으로, 떼어내지 않고 원위치시킨다면 규칙 13-2 위반이 아니다. 그러한 목적이 아니라면 그 자연물을 원위치시킨다고 할지라도 규칙 13-2 위반이 되는 것이다(재정 13-2/26 참조). 퍼팅 그린에서 비슷한 상황에서도 동일하다(재정 16-1a/11 참조).

목적이나 의도를 미리 밝히면 애매한 상황을 피할 수 있을 것이다. 스루 더 그린에서 볼이 위치한 지표면에 나무 뿌리가 있는지, 바위가 있는지 또는 움직일 수 없는 장해물의 존재를 확인하기 위해서 볼 주위를 티 등으로 찔러서 조사해 보는(prove) 행위는 허용된다(재정 13-2/27 참조). 물론 이 경우에도 조사해 보는 행위가 규칙 13-2(플레이 선 등

개선)를 위반하거나 규칙 18-2(볼을 움직임)를 위반하면 안 된다.

규칙 13-2가 해저드에 적용되는 상황인 규칙 13-4에서도 이와 비슷한 상황을 찾아볼 수 있다. 예를 들어 플레이어가 티샷한 볼이 벙커 안에 정지하였는데 언플레이어블 볼을 선언하고 볼을 집어 올리면서 벙커 안에 있는 나뭇잎을 제거한 경우를 살펴보자. 규칙 28에는 28a, 28b 또는 28c의 선택 사항이 있다. 이 중 28b 또는 28c는 벙커 안에 볼을 드롭해야만 한다. 그러므로 규칙 28에 의한 선택 사항 중 28a라고 명시하여 플레이어의 의사를 밝히지 않는 한 규칙 13-4 위반이 된다(재정 13-4/35.7 참조).

그러나 28a에 의하여 처리하겠다는 의도를 표명하였다면(announce intention to proceed under rule 28a), 벙커 안에 있는 발자국을 평탄하게 고르거나 루스 임페디먼트를 제거하더라도 규칙 13-4 위반이 아니다(재정 13-4/35.8 참조).

플레이어의 볼이 워터 해저드 안에 있을 때 플레이어가 클럽 헤드를 그 물 속에 넣고 흔들어서 닦더라도 워터 해저드 밖에서 스트로크한다는 행동이나 의사를 의심할 바 없이 밝혔다면 규칙 13-4 위반이 아닌 것이다(재정 13-4/40 참조).

규칙 13-2가 퍼팅 그린에서의 상황에 적용되는 규칙 16-1a, 규칙 16-1c와 규칙 16-1d를 살펴보자. 규칙 16-1d의 경우에는 플레이어의 의도가 판단기준이 된다. 플레이어의 행위가 퍼팅 그린 면을 테스트할 목적이었는가의 여부는 사실에 관한 문제이고(a question of fact), 이를 판별하는 주된 요인은 그 행위를 취한 방법과 분명한 목적이다(재정 16-1d/2).

규칙 16-1a의 경우에도 고의적으로(intentionally) 퍼트 선상을 걷는 경우(재정 16-1a/12 참조)라든가 손바닥으로 퍼트 선상의 루스 임페디먼트를 쓸어낸 경우에 퍼팅 그린 면을 테스트할 의도를 가지고(with the intention of testing the surface of the putting green) 그러한 행위를 하였다면 규칙 위반이 된다.

지금까지 간략하게 살펴본 바와 같이 규칙 13-2는 기본적으로 결과에 근거하는 규칙이다. 플레이어의 의도보다는 플레이어의 행위의 결과가 규칙 13-2에서 금지하는 개선 행위가 되었다면 규칙 위반이라고 판정한다. 그럼에도 불구하고 행위의 결과를 판단하기 전에 플레이어의 의도를 평가해야(evaluate) 하는 상황도 있음을 유념해야 한다.

III. 의도에 근거하는 규칙(Intent-based Rule) 으로서의 1조 2항

골프는 코스 그대로, 볼은 놓여 있는 그대로 플레이해야만 한다. 플레이 선 등과 관련한 코스의 개선 행위는 규칙 13-2에 의하여 규제된다. 이 지역 이외에서의 코스 개선 행위는 규칙 1-2에 의해서 금지되고 있다.

규칙 1-2에 의거하여 플레이어는 i) 인 플레이 볼의 움직임에 영향을 줄 의도로(with the intent to influence the movement of a ball in play) 어떤 행동을 하거나, ii) 한 홀의 플레이에 영향을 미칠 의도로 (with the intent of affecting the playing of a hole) 자연적 상태를 변경시켜서는 안 된다.

규칙 1-2의 문안에서도 살펴볼 수 있듯이 의도(intent)는 플레이어의 행동이 규칙을 위반 하였는지 여부를 판정하는 데 결정적 역할을 한다. 예를 들어 플레이어가 스루 더 그린 경사진 곳의 밑에서 볼을 스트로크했는데 다시 플레이어가 있는 곳을 향하여 볼이 굴러 내려오고 있을 때, 플레이어가 서 있는 주변의 솟아 올라온 잔디조각을 밟아서 눌러주었을 경우를 살펴보자. 굴러 내려오는 볼이 솟아 올라온 잔디조각에 기대어 정지하지 않도록 할 의도로 그러한 행위를 하였다면 규칙 1-2의 위반이다(재정 1-2/8 참조).

그러나 플레이어가 볼이 되돌아오고 있다는 사실을 모르고 그러한 행동을 하였다면 규칙 1-2 위반이 아니다. 볼의 움직임에 영향을 줄 의도 자체가 성립할 수 없기 때문이다.

이처럼 볼의 움직임에 영향을 미치는 행동이나 자연적 상태의 변경 행위가 발생하였을 경우에 이러한 행위가 규칙을 위반하였는지를 판정할 때 플레이어의 의도를 먼저 살펴보아야 한다. 이러한 속성 때문에 규칙 1-2를 의도에 근거하는 규칙이라고 한다.

위에서 살펴본 상황에서(재정 1-2/8 참조), 볼이 다시 굴러 내려오고 있을 때 완전히 떼어내져 있는 디보트를 치워버린 경우에 규칙 1-2 위반일까? 규칙 1-2의 예외 1에 의하면 "다른 규칙에 의하여 특별히 허용되거나 특별히 금지된 행동은 규칙 1-2가 아닌 다른 규칙에 의한다"라고 되어 있다. 위 상황에서 디보트를 제거하는 행위는 규칙 23-1에

의하여 "볼이 움직이고 있는 경우 그 볼의 움직임에 영향을 미칠지도
모르는 루스 임페디먼트는 제거해서는 안 된다"라는 규정의 적용을
받게 되기 때문에 규칙 1-2 위반이 아니라 규칙 23-1 위반으로 2 벌타를
받게 된다.

이와 같이 볼의 움직임에 영향을 미치는 행위일지라도 규칙 1-2가
아니라 다른 규칙을 적용하는 경우를 정리하여 보자(〈표 4-3〉 참조).

지금까지 살펴본 바와 같이, 규칙 1-2는 볼의 움직임이나 자연적

〈표 4-3〉 "볼의 움직임에 영향을 미치는 행동"에 대하여 적용되는 다른 규칙들
(규칙 1-2 예외 1 상황들)

규칙 조항	내용
16-1b	다른 볼이 움직이고 있을 때 그 볼의 움직임에 영향을 미칠지도 모르는 볼은 집어 올려서는 안 된다.
17-2	(승인없이 깃대에 붙어 시중드는 행위가) 볼의 움직임에 영향을 미칠 염려가 있는 행동을 한 경우 상대방이나 동반경기자는 해당 되는 벌을 받는다.
19-1 주	움직이고 있는 플레이어의 볼이 국외자에 의하여 고의로 방향이 변경되거나 정지된 경우
20-2a	볼에 스핀을 거는 경우 등 잘못된 드롭 방법
22-1 주, 22-2 주2	다른 볼이 움직이고 있을 때 그 볼의 움직임에 영향을 미칠지도 모르는 볼은 집어 올려서는 안 된다.
23-1	볼이 움직이고 있는 경우 그 볼의 움직임에 영향을 미칠지도 모르는 루스 임페디먼트는 제거해서는 안 된다.
24-1	볼이 움직이고 있을 때에는 플레이어들의 휴대품이나 사람이 붙어 시중들고 있는, 제거한 또는 들어 올린 깃대 이외에 볼의 움직임에 영향을 줄 수 있는 장해물을 움직여서는 안 된다.

상태의 변경에 영향을 미치는 행동에 관한 규정이다. 이 규칙을 적용하기 위해서는 첫째, 플레이어의 의도를 먼저 살펴보아야 한다. 행위의 결과보다는 그러한 행위를 하게 만든 의도를 간과해서는 안 된다.

둘째로, 자연적 상태의 변경에 영향을 미치는 행동들에 대해서 코스의 개선을 금지하고 있는 규칙 13-2(규칙 13-3과 13-4 포함)가 적용되는 구역에서는 규칙 1-2는 적용되지 않는다. 예를 들어 볼이 선인장 가까이에 정지한 경우에 선인장 위에 타월을 얹은 행위는 그 홀의 플레이에 영향을 미칠 의도로 자연적 상태를(플레이 선 등 규칙 13-2가 적용되는 구역이 아님) 변경시켰기 때문에 규칙 1-2의 위반이다. 스탠스를 바르게 취했다면 플레이어의 다리를 타월로 감싸고 플레이하여도 규칙 1-2의 위반은 아니다(재정 1-2/10 참조).

그러나 타월 위에 무릎을 꿇고 스트로크하는 경우나 무릎 주위를 타월로 감싼 다음 무릎을 꿇고 플레이하는 경우에는 규칙 13-3이 적용되기 때문에(재정 13-3/2 참조), 규칙 1-2는 적용되지 않는다.

동반 경기자가 스파이크 자국을 수리하여 고의로 플레이어의 퍼트 선을 개선한 경우에 동반 경기자는 규칙 1-2 위반이지만, 플레이어가 이 행위를 묵인하거나 승인해 주었다면, 플레이어는 플레이 선 개선으로 규칙 13-2 위반으로 2 벌타를 받게 된다(재정 13-2/36 참조).

셋째로, 볼의 움직임에 영향을 미치는 행동에 대하여 규정하고 있는 다른 규칙이 있을 경우에 규칙 1-2가 아니라 다른 규칙이 적용된다(〈표 4-3〉 참조). 깃대의 기울어져 있는 상태를 임의로 조정하는 행위는 규칙 1-2 위반이다(재정 17/4 참조). 시중들고 있지 않은 깃대를 뽑은 행위가 볼의 움직임에 영향을 미칠 경우에는 규칙 17-1이 적용되고,

무단히 깃대에 붙어 시중드는 행위는 규칙 17-2가 적용된다.

그러나 시중들다가 볼의 움직임에 영향을 미칠 의도로 깃대를 뽑지 않았다면 규칙 1-2가 적용된다(재정 17-3/2 참조). 퍼팅 그린에서 다른 볼이 움직이고 있을 때 그 볼의 움직임에 영향을 미칠지도 모르는 볼을 집어 올린 경우에는 규칙 16-1b가 적용된다. 그러나 집어 올린 볼을 다른 플레이어의 볼이 가는 방향을 변경시킬 목적으로 리플레이스한 경우에는 규칙 1-2 위반이 된다.

5

형평의 이념에 대한 이해

5

형평의 이념에 대한 이해*

골프 규칙은 골프 경기에서 발생할 수 있는 모든 사항들을 규정하고 있을까? 현실적으로 가능하지 않다는 점을 인정하고 있는 규칙이 바로 규칙 1조 4항이다. "분쟁의 쟁점이 규칙에 규정되어 있지 않은 경우에는 형평의 이념에 따라 재정하여야 한다"라고 규정하고 있다.

"형평성 규칙(equity rule)"이라고 별칭되는 규칙 1조 4항은 1891년 R&A 규칙이 최초로 채택하였다.[23] 처음에는 분쟁에 관한 규칙(현재의

---

* 이 부분은 최진하, "골프규칙재정에 적용된 형평성 조항의 사례분석"(용인대학교 석사학위 논문, 2014년 6월)의 제4장과 제5장을 개정된 2016 골프규칙재정에 근거하여 요약·수정하여 전재한 것임.

34조)이었으나 1984년 골프 규칙이 전면적으로 재편성되면서 규칙 1조 4항으로 편성되었다. 저명한 골프 역사가인 Chapman 박사의 언급처럼, 이 형평성 규칙은 가장 중요한(a rule of the most importance) 규칙 중의 하나인[24] 것이다.

R&A와 USGA는 2016~2017 골프규칙재정을 발표(2015.10)하면서 81개 재정은 개정, 새로운 재정 29개를 추가하고 17개 재정을 삭제하였다. 이 결과로 총 재정수는 2년 전보다 12개 증가하여 1,264개가 되었다(〈표 1-4〉 참조).

I. 2016 골프규칙재정에 나타난 형평의 이념이 적용된 재정의 규칙별 분포

2016~2017 골프규칙재정의 1,264개 재정 중에서 형평성 조항을 재정 내용 중에 언급하고 있는 사례는 102개 재정으로 나타나고 있다. 1,264개의 재정을 내용 분석하여 "형평의 이념에 따라 (규칙 1-4) ……" 라는 내용이 들어간 재정을 추출하여 규칙별 분포를 살펴보자(〈표 5-1〉 참조).

23 Kenneth G. Chapman, *The Rules of the Green: A History of the Rules of Golf* (London: Virgin Books, 1997), p.63.

24 위의 책.

규칙	재정수	규칙	재정수	규칙	재정수	규칙	재정수
1-2	1	8	3	15	3	23-1	3
1-4	15	10-1a	1	16	4	25	5
2	6	11-4b	1	17	2	27	4
4	4	13-2	5	18	5	30	2
6-3a	1	13-4	8	19	5	33	3
7-2	2	14-3	3	20	8	34	8
						총계	102개

* 출처: R&A, *2016 Decisions on the Rules of Golf*에서 수작업으로 집계하여 통계표 작성

위의 〈표 5-1〉에서도 살펴볼 수 있듯이 형평의 이념을 적용한 재정 사례가 있는 규칙 중에서 재정수가 많은 상위 3개 규칙은 형평성 규칙 인 규칙 1조 4항을 제외하면 규칙 13조(13개), 규칙 20조와 규칙 34조 (각각 8개씩)이다. 규칙 1-4 적용 재정수가 많음을 알 수 있다.

달리 표현하면 볼은 있는 그대로 플레이하고 코스는 그 상태 그대로 플레이해야 된다는 골프 경기의 2대 원칙과 관련이 있는 규칙 13조가 가장 많다. 볼과 접촉할 경우를 규정한 규칙 20조와 분쟁과 재정을 다루고 있는 규칙 34조에 규칙 1-4 적용 재정수가 많다는 사실도 발견 할 수가 있다.

형평성 조항이 적용된 재정 사례가 있는 골프 규칙이 34개 규칙 중에서 22개나 된다. 이 22개의 규칙들은 최소한 "규칙에 없는 사항들

(points not covered by Rules)"을 포함하고 있는 규칙들이다. 따라서 분쟁의 쟁점을 해당되는 규칙에 의해서 재정할 때에는, 형평의 이념을 적용해야 해결할 수 있는 상황들이 발생할 수 있는 규칙들이라고 할 수 있다.

〈표 5-2〉에서 살펴볼 수 있듯이 형평의 이념을 적용한 재정 사례가 있는 규칙이 22개나 된다는 사실은 아놀드 파머의 지적처럼 "다목적용 규칙(the catch-all rule)"[25]으로 규칙 1조 4항이 약방의 감초격으로

〈표 5-2〉 2016 재정집에서 형평성 이념이 적용된 재정 사례가 있는 22개 규칙

조항	1-4 적용 재정 사례	조항	1-4 적용 재정 사례
1	16개	16	4개
2	6개	17	2개
4	4개	18	5개
6-3a	1개	19	5개
7-2	2개	20	8개
8	3개	23-1	3개
10-1a	1개	25	5개
11-4b	1개	27	4개
13	13개	30	2개
14-3	3개	33	3개
15	3개	34	8개

---

25 A. Palmer, *Playing by the Rules* (New York: Atria Books, 2004), p.17.

많은 규칙들에 걸쳐서 활용되고 있다는 사실을 잘 대변해주고 있다.

플레이 규칙 34개조들을 형평의 이념이 적용된 재정 사례가 있는 규칙들과 없는 규칙으로 두 종류로 나누어 보면 〈표 5-2〉, 〈표 5-3〉과 같다. 형평성 조항을 적용하고 있는 재정 사례가 있는 규칙들이 22개에 이르고 있다. 골프 규칙 34개조 중 64.7%가 형평성 조항과 연계를 맺고 있는 것이다. 이러한 지표는 형평성 조항이 중요한 규칙이라는 사실을 웅변해 주고 있다.

〈표 5-3〉 2016 재정집에서 형평의 이념이 적용된 재정 사례가 없는 12개 규칙

조	제목
3조	스트로크 플레이
5조	볼
9조	타수의 보고
12조	볼 찾기와 확인
21조	볼 닦기
22조	플레이에 원조 또는 방해가 되는 볼
24조	장해물
26조	워터 해저드(래터럴 워터 해저드 포함)
28조	언플레이어블 볼
29조	스리섬과 포섬
3조	포볼 스트로크 플레이
32조	보기, 파 및 스테이블포드 경기

II. 2016 골프규칙재정에 나타난 형평의 이념이 적용된 재정 사례의 분석

앞에서도 살펴본 바와 같이 2016~2017 골프규칙재정의 1,264개 재정 중에서 형평성 조항인 규칙 1조 4항을 적용한 사례는 102개 재정이다. 또한 이 102개의 재정들은 골프 규칙 34개조 중 22개 규칙들과 연계를 맺고 있다. 형평의 이념을 적용하고 있는 재정 사례 102개를 사례별 공통점을 중심으로 범주화하여 간략하게 살펴보기로 하자.

1. 형평성 조항이 적용불가한 경우의 예시

형평성 조항은 기본적으로 골프 규칙에 규정되어 있지 않은 사항들을 다루는 규정이다. 〈표 5-4〉의 두 재정에서 다루고 있는 정신집중을 방해하는 행위들(distractions)이나 결과적으로 야기되는 유·불리(the resultant advantage or disadvantage) 상황은 규칙에 규정되어 있지 않은 것들이나 플레이어들이 감수하지 않으면 안 되며, 따라서 형평성 조항은 적용할 수 없다는 사실을 적시하고 있는 재정들이다.

〈표 5-4〉에서 살펴본 두 재정 중에서 재정 1-4/1은 규칙 1-4 적용 사례 102개 중에서 내용 중에 "형평의 이념에 따라(규칙 1-4) …"라는 구절이 없는 유일한 경우에 해당된다. 규칙 1-4에 따른 재정들 속에서

재정	제목	내용	비고
1-4/1	돌연 다른 플레이어가 떨어뜨린 볼이 굴러와서 정신이 산란해진 플레이어가 미스 히트를 한 경우	형평성 조항 적용 불가	
1-4/3	장난꾼에 의하여 홀에서 떨어진 그린 위에 깃대가 꽂혀 있는 경우	형평성 조항 적용 불가	

다루어지고 있는 재정이라서 102개에 포함된 재정이다.

이와는 대조적으로 재정 1-4/3은 "형평의 이념에 따라(규칙 1-4) …"라는 서술은 포함되어 있으나 결과적으로는 플레이어들에게 다시 플레이할 수 있는 선택권을 부여하고 있지는 않다. "플레이어는 결과적으로 생기는 유리한 점과 불리한 점을 감수하지 않으면 안 된다"는(재정 1-4/3) 점을 형평의 이념이라고 강조하고 있다.

그러나 결과적으로는 플레이어의 자기결정권이나 자신의 행동으로 인하여 야기된 유·불리함이 아니라 국외자의 행위로 인한 결과를 받아들이도록 규정하고 있는 것이다. 이러한 점에서 논리적으로는 형평의 이념에 맞지 않다는 비판을 초래할 수도 있는 재정이다.

2. 유사한 상황으로 환원하여 규칙 적용

"형평성이란 유사한 상황을 동등하게 취급하는 것"[26]이다. 형평성 조항을 적용한다는 의미는 골프 규칙에서 규정하고 있지 않은 사항들에

재정	제목	유사 상황	비고
1-4/2	스트로크한 볼이 클럽 타면에 달라붙은 경우	1-2, 14-4, 19-2	무벌 드롭
1-4/4	후속 조의 플레이어가 플레이하여 굴러온 볼을 플레이어가 화가 나서 쳐서 보낸 경우	7-2, 15-3	+2
1-4/7	워터 해저드 안에서 혹은 그곳에서 넘쳐 나온 캐주얼 워터 안에서 볼을 분실한 경우	26-1	WH 처리
2/3	매치 플레이에서 규칙에 따르기를 거부한 경우	3-4	홀 패
2-4/5	상대편의 볼 마커를 집어 올린 것이 다음 스트로크를 면제해준 것이 되는가의 여부	18-3b	+1
2-4/6	스트로크를 면제받은 후 퍼트하여 홀 아웃한 경우	30-3f	홀 실격
4-2/2	플레이가 일시 중지된 사이에 클럽의 성능이 변경	4-2a	해당 벌타
4-3/9.5	클럽을 국외자/상대편이 플레이에 부적합하게 만든 경우	4-3a 적용	
4-4a/14	플레이어가 부러진 클럽의 일부를 휴대	클럽 아닌 것 간주	
7-2/10	3일 후 재개 합의하여 매치 중단; 재개 전 경기코스에서 플레이를 원하는 경우	7-1 적용	가능
7-2/11	매치 재개 전 플레이한 12개홀을 플레이해도 되나?	〃	〃
8-2a/3	플레이어가 피치샷 거리 표시 위해 마크를 놓아둠	8-2a 적용	+2

26 R&A, *Golf Rules Illustrated* (London: Hamlyn, 2011), p.27.

13-4/16.5	워터 해저드 안에서 날아다니고 있는 곤충	23-1	13-4 유예
13-4/35.8	28a로 벙커 밖 처리하기로 하고 그 벙커를 고름	13-4 유예	
18-2/29	볼을 나무에서 떨어뜨린 후 리플레이스 할 수 없음	20-3c, 20-3d	+1
18-3b/4	플레이어가 다른 볼을 자기 볼이라 주장한 후에 상대 캐디가 플레이어의 볼을 집어 올린 경우	18-3a 적용	
19-5/5	최초의 볼이 잠정구에 가서 맞은 경우	19-5a 적용	
20-1/0.7	규칙 적용의 판단 위해 볼을 집어 올린 경우	5-3, 12-2	
20-1/6.5	상대편이 볼 마커를 눌러준 경우	18-3b 적용	+1
20-1/7	상대편의 캐디가 우연히 볼 마커를 움직인 경우	〃	〃
23-1/7	볼 집어 올릴 때 라이에 영향을 주는 루스 임페디먼트가 움직인 경우	18-2	복원 +1
23-1/8	볼이 집어 올려져 있는 동안 라이에 영향을 주는 루스 임페디먼트를 제거	18-2a	+1
25/6	침의 취급	25-1, 23-1	
25/9.5	정규 라운드 중 페어웨이에 나무가 넘어진 경우	TIO	
25-1b/6	벙커 안 캐주얼 워터에서 최대한 구제지점에 드롭한 볼이 다른 곳으로 굴러간 경우	20-2c	재드롭
25-2/2.5	드롭한 볼이 지면에 박혔는데, 재드롭 시 다시 박힌 경우의 처리 절차	20-2c	플레이스
25-2/8	볼이 티잉 그라운드 안의 지면에 박힌 경우	T/G에서 25-2 적용	
27/18	경계 울타리에 설치된 문	장해물	양자택일

대해서 골프 규칙에서 규정하고 있는 이와 유사한 상황을 찾아서 해당 규칙을 적용한다는 뜻이다. 이러한 범주에 속하는 규칙 1-4 적용 재정 사례는 28개로 가장 많다.

〈표 5-5〉에서 열거된 28개의 재정들은 규칙 1-4 적용 재정 사례의 전형적인 형식을 보여주고 있는 재정들이다. 예를 들어 상대편의 캐디가 우연히 볼 마커를 움직인 경우에는 규칙에 규정되어 있는 볼을 움직인 상황과 유사하게 간주하여 규칙 18-3b를 적용하여 1 벌타를 부과하는 것이다(재정 20-1/7). 침(saliva)의 경우에는 규칙 25-1 또는 규칙 23-1을 적용하여 비정상적인 코스 상태나 루스 임페디먼트로 취급하여 플레이어의 선택권을 부여하고 있다(재정 25/7).

후속 조의 플레이어가 플레이하여 굴러온 볼을 플레이어가 화가 나서 쳐서 돌려 보낸 경우에는 연습 스트로크한(규칙 7-2) 것도 아니고 오구 플레이한(규칙 15-3) 것도 아니지만, 결과적으로는 1-4를 적용하여 2 벌타를 부과하고 있다(재정 1-4/4). 이 경우에 부과된 2 벌타는 연습 스트로크 시 벌타나 오구 플레이 시 벌타 2 벌타와 동일한 벌타인 것이다.

이와는 대조적으로 재정 1-4/2의 경우에서는 유사한 상황에 적용되는 규칙들에서 부과하는 벌타를 유예시키고 있다. 스트로크한 볼이 클럽 타면에 달라붙은 경우에 규칙 1-2, 규칙 14-4, 규칙 19-2에 유사한 상황이 있을 수 있으나 형평성 조항을 적용하여 무벌 드롭 판정을 내리고 있다.

티잉 그라운드에서의 구제를 규정하고 있는 아주 드문 경우를 재정 25-2/8에서 찾아볼 수 있다. 볼이 티잉 그라운드 안의 지면에 박힌 경우는 볼이 스루 더 그린의 잔디를 짧게 깎은 구역 안에 있는 경우와 동일하게 취급하여 규칙 25-2의 규정에 의해 구제받도록 하고 있다.

한편 경계 울타리에 설치된 문이 열려 있을 경우의 취급은 규칙에 규정되어 있지 않으나, 장해물은 아니지만 문이 열려진 상태였으면 그대로 플레이하거나 닫고 플레이하거나의 양자택일을 제시하고 있다(재정 27/18).

지금까지 간략하게 살펴본 바와 같이 형평성 조항은 규칙에 규정되어 있지 않은 사항들을 규칙에 규정되어 있는 유사한 상황들에 비추어서 재정하도록 해당 규칙을 적용하는 데 핵심 고리 역할을 하고 있음을 알 수 있다.

3. 골프의 2대 원칙을 보호하기 위하여 형평성 조항 적용

골프 경기의 2대 원칙은 볼은 놓여 있는 그대로, 코스는 발견한 그 상태로 플레이하는 것이다. 이러한 2대 원칙은 규칙 1조 2항, 규칙 13조의 4개 조항 등에 규정되어 있다. 그럼에도 불구하고 플레이어가 스트로크한 후 볼이 정지된 이후에 볼의 라이나 코스의 상태가 변경되었을 경우에는 원래의 상태를 보장하는 규정은 규칙에는 없다.

이러한 경우에 골프 경기의 2대 원칙을 보호하기 위하여 개입하는 골프 규칙이 바로 형평성 조항이다. 즉, 스트로크 후 볼이 정지했을 당시의 라이, 플레이 선 및 스탠스를 그대로 받을 수 있는 플레이어의 권리를 보장하기 위해서 규칙 1-4를 적용하는 사례들로서 13개 적용 사례가 있다.

〈표 5-6〉에 열거된 13개의 형평성 조항 적용 사례들은 모든 상황에서 플레이어가 볼이 정지했을 당시의 볼 위치와 코스 상태를 복원할 수가 있음을 보여주고 있다. 피치 마크 때문이라면 수리 가능하고(재정 13-2/8), 모래가 볼 주변에 쌓였다면 모래를 제거하고 그 볼을 닦을 수(재정 13-2/8.5) 있다. 또한 디보트가 날아왔다면 어디서라도 제거할

〈표 5-6〉 골프의 2대 원칙을 보호하기 위하여 형평성 조항 적용

재정	제목
1-2/1	퍼트 선을 상대편/동반경기자가 고의로 밟아 달라지게 함
13-2/8	다른 경기자의 피치마크 때문에 플레이어의 볼 라이, 플레이 선이 영향을 받은 경우
13-2/8.5	벙커에서 다른 선수의 스트로크로 플레이어의 볼 라이 변경
13-2/8.7	스탠스 구역이 다른 선수의 스트로크로 인해 변경된 경우
13-2/29.5	벙커 안에서 다른 선수의 발자국으로 인해 플레이 선의 연장선이 영향을 받은 경우
13-4/10	벙커 안에 만든 심판원의 발자국을 골라도 되는가의 여부
13-4/18	다른 선수의 디보트가 벙커 안 플레이어의 볼 옆에 정지한 경우
13-4/19	벙커 안 상태가 다른 선수의 플레이로 인하여 변경된 경우
16-1a/13	다른 선수/캐디가 우연히 퍼트 선을 손상시킨 경우
20-3b/2	벙커 안의 라이가 다른 선수에 의하여 변경된 경우
20-3b/3	관객 정리용 말뚝의 제거로 라이가 변경된 경우
23-1/10	플레이어의 플레이에 영향을 주는 루스 임페디먼트를 제거
33-2b/2	퍼팅 그린에서 볼이 홀 가까이에 위치한 뒤에 홀 위치를 변경

수(재정 13-4/18) 있다.

재정 33-2b/2에서처럼 퍼팅 그린 위에 볼이 정지한 이후에 홀의 위치가 변경된 경우라면 동일한 플레이 감각이 보장될 수 있는 유사한 상태로 그 볼을 옮길 수 있다. 다만 재정 20-3b/3에서 언명하고 있는 바와 같이 플레이어가 국외자의 행동을 허락하였거나 자신이 스스로 한 행동이라면 그 결과로 생긴 라이의 악화된 상태는 그대로 감수해야 한다.

4. 여러 번의 벌 적용 시 규칙 적용의 원칙 제시

재정 1-4/12에서 언급하고 있는 바와 같이, 플레이어가 한 규칙을 2번 이상 위반하거나 여러 개의 규칙들을 위반할 수 있으나, 규칙을 여러 번 위반하는 경우에 규칙 자체에서는 이러한 위반에 대하여 각각 별도의 벌을 적용해야 하는가의 여부가 명시되어 있지 않다.

이러한 경우에 형평성 조항이 적용된다. 재정 1-4/12에서 형평성 조항을 적용할 경우의 6가지 원칙을 제시하고 있다. 이 재정은 여러 번의 벌을 적용하는 경우에 하나의 근거로서 활용되고 있는 원칙을 제시하고 있다는 점에서 중요한 재정 중의 하나이며, 하나의 규칙처럼 활용되고 있는 재정이라고 할 수 있다.

〈표 5-7〉에서도 살펴볼 수 있는 바와 같이 여러 번의 벌을 적용하는 상황들에서 재정 1-4/12가 하나의 "근거"로 활용되고 있음을 알 수 있다. 재정 1-4/13, 재정 1-4/14와 재정 1-4/15는 재정 1-4/12에서 제시된

〈표 5-7〉 여러 번의 벌을 적용할 경우의 형평성 조항의 적용 사례

재정	제목	비고
1-4/12	2번 이상 규칙 위반 시 여러 번의 벌 적용 여부	6가지 원칙 제시
1-4/13	규칙 위반 통보받은 후 플레이어가 스트로크 전에 같은 규칙을 위반한 경우	1-4/12 부연설명
1-4/14	스트로크 전과 후에 같은 규칙을 위반한 경우	〃
1-4/15	벌이 각각 다른 2개 규칙을 위반한 경우; 더 무거운 벌 적용	〃
4-4a/16	플레이어를 위한 추가 클럽과 운반하는 사람에 대한 취급	원칙 5
13-4/15	해저드 안에서 루스 임페디먼트 제거 시 볼이 움직인 경우	원칙 2
13-4/28	해저드 안에서 클럽 지면에 접촉하고, 루스 임페디먼트를 움직이고 의도하는 스윙 구역을 개선	원칙 2, 5
14-3/19	스트로크 전에 스윙 보조 기기를 여러 번 사용	원칙 3
14-3/20	인공 기기를 별개의 상황에서 사용	시간차 위반
14-3/21	부적합 장갑을 끼고 스트로크를 연속적으로 함	cf. 1-4/14
15-3b/2	인 플레이 볼의 스트로크/스트로크 사이에 다른 2개의 오구를 침	원칙 6
18-2/6	어드레스 후 움직인 볼이 플레이어의 클럽에 맞고 정지됨	원칙 4
19-2/1	플레이어의 발에 맞고 정지된 볼이 그 발을 떼자 움직인 경우	원칙 4, 5
19-2/1.5	어드레스 전 볼이 움직였는데 그 볼이 클럽에 맞아 정지되고, 그 클럽을 치우자 볼이 굴러가 버린 경우	〃
19-2/7	볼이 플레이어의 골프백에 맞은 후 그의 캐디에 맞은 경우	원칙 1
20-2c/4	드롭한 볼이 정지되기 전에 캐디가 그 볼을 정지시킨 경우	원칙 4

6가지 원칙들을 적용하는 데 보완적인 설명을 하고 있는 재정들이다. 특히 재정 1-4/15에서는 벌이 각각 다른 2개 규칙을 위반한 경우에는 재정 1-4/12에서 제시된 원칙 2에 따라서 한 번만 벌을 받되 더 무거운 벌을 받는 것이 형평의 이념이라는 것을 명확하게 하고 있다.

2016 골프 규칙에서 인공 기기의 사용에 대한 실격 규정이 처음 위반에 2 벌타, 그 이후의 위반에 대해서는 실격으로 그 벌이 완화되었다. 따라서 재정 14-3/21의 상황과 같이 연속해서 위반하거나 재정 14-3/20의 상황과 같이 시차를 두고 위반하는 경우에도 규칙 14-3의 2번 위반으로 실격된다. 이 재정들은 시간차의 개념도 도입되었고 2 벌타 → 실격으로 이어지는 벌타 규정도 다르기 때문에 여러 번의 벌을 적용하는 특별한 경우에 해당된다.

〈표 5-7〉에서 재정 4-4a/16 이하에 열거된 12개의 재정들은 재정 1-4/12에서 제시된 6가지 원칙을 별도의 규칙하에서 여러 번 벌을 받는 상황에 적용하고 있는 실례들이다. 이러한 실례들에서도 드러나고 있듯이 재정 1-4/12는 다른 재정들에서 하나의 "근거"로 활용되고 있는 중요한 재정임을 알 수 있다.

5. 위원회의 잘못을 시정하기 위하여 형평성 조항 적용

위원회나 그 대리자가 규칙에 관한 잘못된 정보를 제공하거나 규칙에 반대되는 특정한 재정을 내린 경우에는 "모든 사실의 관점에서 플레이어가 부당한 이익이나 불이익을 받지 않는다는 것을 확실하게 한다는 목표와 함께 가장 형평성 있다고 생각되는 방법으로 문제를 해결하여야 한다(재정 34-3/1.5)"고 강조하고 있다. 위원회의 잘못을 시정하기 위하여 형평성 조항을 적용한 사례가 7개 있다.

〈표 5-8〉에서 살펴볼 수 있는 바와 같이 위원회의 잘못을 시정하기 위하여 형평성 조항을 적용한 재정 사례들은 주로 규칙 34조와 관련되어 있음을 알 수 있다. 이 중에서 재정 34-3/1.5는 이러한 상황에서 적용되어야 할 4가지 원칙을 제시하고 있다는 점에서 재정 1-4/12와 비견될 수 있는 중요한 재정이다.

심판원이나 위원회의 잘못은 절차에 맞는다면 형평성 조항을 적용

〈표 5-8〉 위원회의 잘못을 시정하기 위하여 형평성 조항 적용

재정	제목	시정 내용
34-3/1.5	스트로크 플레이에서 위원회의 잘못과 스코어 기록	4가지 원칙 제시
33-7/5	심판원의 어드바이스에 따라 오구 플레이를 시정하지 않은 경우	15-3b: 2 벌타, 33-7: 경기실격 면제, 1-4: 오구 스코어 카운트
34-2/6	플레이어가 이어서 볼을 플레이한 후 심판원이 재정을 번복	절차에 맞다면 시정
34-2/7	매치 플레이에서 잘못된 재정의 시정	〃
34-3/3	매치에서 잘못된 재정 때문에 오소에서 스트로크 하였을 경우의 처리 절차	〃
34-3/3.3	스트로크 플레이에서 잘못된 재정으로 오소플레이; 경기자를 위한 처리 절차	〃
34-3/3.7	잠정구로 플레이를 계속하도록 잘못된 어드바이스를 받은 경우	15-3b 적용하지 않고 오구 스코어 카운트

하여 시정이 가능하지만, 절차와 시기가 적절하지 못하다면 시정될 수가 없다는 사실을 알 수 있다. 또한 스트로크 플레이에서 오구로 플레이한 스코어도 접수되어야 하는 상황들이 존재하며, 재정 34-3/3.7은 심판원이나 위원회의 잘못으로 오구를 스코어로 계산할 때 형평성 있는 방법으로(예를 들어 워터 해저드에서 플레이할 수 없는 상황에서는 심판원의 잘못된 어드바이스에 의한 처리일지라도 1 벌타를 부과) 처리하여야 한다는 점을 명확하게 지적하고 있다.

6. 구제 절차를 확립하는 근거로서의 형평성 조항

1) 2가지 상황에서의 구제 절차의 확립

벌 없이 구제를 받을 수 있는 상황들(예를 들면 캐주얼 워터, 수리지, 구멍 파는 동물이 만든 구멍, 움직일 수 없는 장해물 등) 중 어느 두 가지 상황으로부터 방해가 있을 때에 플레이어는 구제를 먼저 받을 수 있는 우선순위에 대한 선택권을 갖는다(재정 25-1b/11.5 참조). 이

〈표 5-9〉 2가지 상황에서의 구제 절차의 확립

재정	제목	비고
1-4/8	카트 로에서 가장 가까운 구제지점은 캐주얼 워터 안; 캐주얼 워터에서 NPR은 본래의 카트로 위인 경우	구제 절차 제시
1-4/8.5	1-4/8 상황이나 캐주얼 워터 안에 볼을 드롭하기가 불가능한 경우	1-4/8에 대한 부연설명

러한 경우에 두 가지 상황으로부터 동시에 구제를 받을 수는 없다.

그러나 우선순위에 대한 선택권에 따라서 구제를 받았으나 본래의 구제 상황으로 되돌아간 경우에는 형평성 조항을 적용하여 두 가지 상황으로부터 동시에 구제를 받을 수가 있다. 이러한 경우의 구제 절차는 재정 1-4/8에 규정된 바를 따라야 하며, 따라서 재정 1-4/8은 두 가지 상황에서의 구제 상황에서 "근거"로 활용되고 있는 중요한 재정이다.

두 가지 상황에서의 구제와 연관이 있는 재정 24-2b/10(수리지와 움직일 수 없는 장해물), 재정 24-2b/19(움직일 수 없는 장해물과 캐주얼 워터), 재정 25-1b/11과 재정 25-1b/11.5(수리지와 캐주얼 워터)는 재정 1-4/8에 규정된 구제 절차에 따라 동시에 두 가지 상황으로부터 구제를 받게 되는 경우에는 형평성 조항을 적용시켜야 되는 재정들이다.

한편, 재정 33-8/25(인공 포장된 카트 로에 인접한 수리지에 관한 로컬 룰)에서는 인공포장된 카트 로에 인접한 수리지는 카트 로와 동일하게 취급한다는 로컬 룰을 제정할 수 있다고 규정하고 있어서 재정 1-4/8에 규정된 복잡한 구제 절차를 회피할 수 있는 방법을 제시하고 있는 재정이다.

2) 특수한 상황에서의 구제 절차 확립

(1) 위험한 상황

재정 1-4/11에 의하면 위험한 상황은 코스 위에서 정상적으로 마주치는 상태와 관련이 없는 특수한 상황이다. 신체상의 위해나 생명에의 위협이 될 수 있는 위험한 상황으로부터 플레이어를 보호하고자 구제

재정	제목	내용
1-4/9	스트로크에 방해가 되는 새의 둥지	다른 생명체의 보호
1-4/10	위험한 상황; 방울뱀, 벌이 플레이에 방해	
1-4/11	"위험한 상황"이란 말의 의미	1-4/10에 대한 부연설명
33-8/22	개밋둑을 수리지로 취급하는 로컬 룰	1-4/10에 의해 처리

절차를 제시하고 있는 재정이 바로 재정 1-4/10이다. 플레이어를 보호하는 데에도 적용되지만, 재정 1-4/9에서처럼 플레이어로부터 다른 생명체를 보호하는 데에도 활용되고 있음을 알 수 있다.

(2) 규칙 적용이 가능하도록 개입

재정 1-4/5는 해저드 안에서 플레이어의 볼이 움직일 수 있는 장해물에 기대어 정지하고 있는데, 그 장해물 위에 루스 임페디먼트가 놓여 있어서 플레이어가 그 루스 임페디먼트를 움직이지 않고는(규칙 23-1, 규칙 13-4c 위반) 장해물을 제거할 수(규칙 24-1) 없는 상황일 때, 형평성 조항을 개입시켜 해저드 안에서의 장해물을 제거할 수 있도록 하는

〈표 5-11〉 규칙 적용이 가능하도록 형평성 조항 적용

재정	제목	내용
1-4/5	해저드 안의 장해물을 제거하면서 동시에 루스 임페디먼트를 움직이게 되는 경우	23-1, 13-4c 적용 유예

절차를 제시하고 있는 재정이다.

이 재정에는 형평성 조항이 두 번 적용되고 있다. 장해물을 제거하는 과정에서 해저드 안에 있는 루스 임페디먼트를 움직여도 벌은 없으며(규칙 1-4 적용), 장해물을 제거한 후에는 움직인 루스 임페디먼트를 최초 위치로 복원시켜야 하는데 복원시켜 놓지 않으면 스트로크 플레이의 경우에 2 벌타를(규칙 1-4 적용) 받게 된다. 이와 같이 형평성 조항은 규칙의 적용이 가능하도록 징검다리의 역할을 수행하고 있다고 볼 수 있다.

재정 1-4/5와는 대조적으로 재정 16-1c/1.5에서는 형평성 조항을 개입시키지 않고 있다. 퍼팅 그린 위에 있는 볼 마크는 수리할 수 있으나(규칙 16-1c), 퍼팅 그린 밖에 있는 볼 마크는 수리할 수 없는(규칙 13-2) 상황에서 재정 16-1c/1.5는 단순히 "퍼팅 그린 위에 있는 볼 마크에 한하여 수리하도록 하는 것은 실행할 수 없는 일이기 때문에 플레이어는 볼 마크 전체를 수리할 수 있다"고 규정하고 있다. 이러한 상황에서는 형평성 조항을 개입시켜서 그린 밖에 있는 볼 마크를 수리할 때 규칙 13-2의 적용을 유예시키는 것이 더 논리적으로 타당해 보인다.

(3) 어느 특정한 상황에서의 구제 원칙 제시

잠정구와 원구를 식별할 수 없는 경우처럼 한 가지 특정한 상황에서

〈표 5-12〉 원구와 잠정구 식별불가 상황에서의 구제 원칙 제시

재정	제목	내용
27/11	잠정구와 최초의 볼을 식별할 수 없는 경우	4가지 상황별 해답 제시

의 구제 원칙을 제시하고 있는 재정이 재정 27/11이다. 이 재정은 다른 유사 상황에 적용될 수 없는 특수한 상황을 다루고 있으며, 두 볼 중 하나를 선택하여(두 볼 모두 워터 해저드에서 발견된 경우는 원구를 26-1처리하는 상황 2 제외) 그 볼을 잠정구로 간주하라는 원칙을 제시하고 있다.

특히 양쪽 볼이 모두 인 바운드에서 발견되었을 때(상황 4), 두 볼을 식별할 수 없다고 하여 플레이어에게 티잉 그라운드로 돌아가서 5타 째를 플레이하도록 요구하는 것은 형평에 어긋난다고("inequitable") 규정하고 있는 점이 주목을 끄는 재정이다.

7. 규칙의 정신이나 플레이어의 권리 보호를 위한 형평성 조항 적용

1) 규칙의 목적과 정신을 보호

골프 경기는 스스로가 심판원이 되는 경기라는 특성을 지니고 있다. 플레이어는 플레이하는 과정에서 자신이 선택한 행위가 가져오는 결과에 대해서 자신이 심판을 내려야 한다. 자의적이기는 쉽고, 공정하기는 어렵다.

이러한 연유에서 골프 규칙의 첫 장은 에티켓으로 시작하고 있다. 플레이어가 에티켓과 스포츠맨십으로 자신을 무장해야 플레이 규칙을 준수할 가능성이 높아지기 때문일 것이다. 골프 규칙의 목적과 정신을 보호하고 플레이어의 권리 보호를 위해 골프 규칙은 형평성 조항을 적절하게 활용하고 있다.

재정 8-1/24는 반칙적인 행동을 저지하기 위한 조치를 플레이어가 취하지 않는다면 규칙 8-1의 취지에 비추어 형평성 조항을 적용하여 해당하는 벌타를 부과하여야 한다는 점을 규정하고 있다. 재정 8-1/26 에서는 규칙을 교묘하게 회피할 목적으로 선택한 행위는 규칙의 목적과 정신에 반하는 것이므로 형평성 조항이 적용되며, 재정 20-2a/8에서 볼 드롭 시 미리 테스트해보는 행위는 규칙의 목적과 정신에 반하는 행위에, 재정 30-3f/6에서는 게임정신에 위반되는 행위에 벌타를 부과하고 있다.

재정 17-3/2에서는 상대방이 벌을 받도록 할 목적으로 깃대를 뽑지 않은 게임 정신에 반하는 조치에 대하여 위에서 살펴본 다른 재정과는 달리 규칙 33-7을 적용하여 경기실격을 시키고 있어서 대조적이다. 또한 이 재정은 스트로크를 한 플레이어에게는 면책 조항으로서의 형평

〈표 5-13〉 규칙의 목적과 정신을 보호하기 위한 형평성 조항의 적용

재정	제목	내용
8-1/24	팀 코치나 팀장이 준 어드바이스	반칙적인 행동을 저지하기 위한 조치 취해야
8-1/26	플레이어가 어드바이스 교환 위해 캐디를 교체	8-1회피 목적; 2 벌타
17-3/2	깃대에 붙어 시중드는 선수가 깃대를 뽑지 않았는데 플레이어의 볼이 깃대에 맞은 경우	게임정신에 반하는 조치로 경기실격
20-2a/8	최초의 볼을 드롭하기 전에 다른 볼을 드롭해봄	그 홀의 패/2 벌타
30-3f/6	플레이어가 파트너 원조 위해 홀에서 멀리 플레이	게임정신에 위반

성 조항을 적용하여 다시 스트로크 하도록 규정하고 있다.

〈표 5-13〉에서 살펴볼 수 있는 5가지 형평성 조항을 적용한 사례들에서 골퍼들은 골프 규칙을 준수하기 위해서 적극적인 노력을 해야하며, 규칙의 목적이나 정신에 위배되는 행위들은 해당하는 벌타를 부과받는다는 사실을 알 수 있다.

2) 플레이어의 권리를 보호

재정 2-4/8은 상대방의 다음 스트로크를 면제해 주고 그 볼을 집어올리기도 전에 플레이하면 상대방의 권한을 박탈한 행위이기 때문에 형평성 조항을 적용하여 그 홀의 패로 규정하고 있다. 재정 16-2/2는 홀 위에 걸쳐 있는 볼일 경우에는 홀까지 가기 위한 합당한 시간과

〈표 5-14〉 플레이어의 권리를 보호하기 위한 형평성 조항의 적용

재정	제목	내용
2-4/8	상대방의 다음 스트로크를 면제해주고 볼을 집어 올릴 기회도 갖기 전에 플레이	상대방의 권한 박탈: 그 홀의 패
16-2/2	홀 위에 걸쳐 있는 볼을 상황판단 전에 상대편이 가볍게 쳐서 치운 경우	상대방의 권리 침해
16-2/4	홀 가장자리 위에 걸쳐 있는 볼이 깃대 제거 시 움직임	〃
16-2/5	홀 가장자리 위에 걸쳐 있는 볼이 깃대를 제거하는 동안 움직여서 깃대에 맞은 경우	〃
27-2b/1	최초의 볼을 찾지 않고 잠정구로 계속 플레이한 경우	5분간 볼 찾음 vs 27-2b 처리
27-2b/2	홀인된 잠정구가 인 플레이 볼로 되는 경우	5분간 볼 찾음

이에 추가하여 볼의 정지 여부를 판단할 수 있는 10초의 시간을 허용해야 되고 이 권리를 침해하면 해당하는 벌타를 부과하고 있다. 재정 16-2/4 및 재정 16-2/5에서는 플레이어의 허락 없이 지정된 시간이 경과되기 전에 깃대를 움직인 경우에 권리 침해로 간주된다는 점을 명확하게 규정하고 있다.

재정 27-2b/1에서는 플레이어의 권리와 동반 경기자들의 권리가 충돌하는 흥미로운 상황을 다루고 있다. 원구를 숲속으로 보낸 플레이어가 잠정구를 홀 가까이 정지시킨 경우에 원구를 찾지 않고 잠정구로 플레이를 계속하고 싶고, 반면에 동반 경기자들은 원구를 찾는 것이 유리하다고 생각할 수 있다. 이 경우에 동반 경기자들은 5분 동안 볼을 찾을 수 있는 권리가 주어진다. 동시에 플레이어는 규칙 27-2b에 의거하여 원구가 있을 것으로 생각되는 장소보다 홀에 더 가까이 있는 잠정구를 스트로크함으로써 동반 경기자들에게 주어진 5분간 볼을 찾을 수 있는 권리를 중지시킬 수가 있다. 일종의 타협이 이루어진 것이다.

이와는 대조적으로 재정 27-2b/2에서는 위와 같은 상황에서 잠정구가 홀인된 경우를 다루고 있는데, 동반 경기자들에게 5분간 원구를 찾을 수 있도록 보장하고 있다. 반면에 플레이어는 규칙 27-2b에 의해 스트로크할 기회가 없는 상황이어서 역설적으로 완벽한 샷을 차별하는 결과를 초래하고 있는 흥미로운 재정이다.

3) 면책 조항으로서의 형평성 조항의 적용
골프 경기는 규칙에 따라서 자기 책임하에 이루어진다. 플레이어의 책임이란 제하에 규칙 6조부터 규칙 9조까지 4개의 규칙이 편입되어 있다. 규칙을 알아두어야 할 책임도 전적으로 플레이어에게 있으며(규칙 6조 1항), 클럽선택과 볼을 치는 방법 등을 외부의 도움 없이(규칙 8조) 스스로 결정하여 플레이하여야 하며, 그 결과에 정직해야 한다(규칙 6조 6항 및 규칙 9조).

골프 경기는 넓은 자연 속에서 진행된다. 아무리 골프 경기가 자기 선택권과 자기 책임하에 이루어진다고 하여도 자신이 모든 것을 통제할 수는 없다. 또한 자신도 인지하지 못한 행위들이 계속 발생하기도 하는

〈표 5-15〉 면책 조항으로서의 형평성 조항의 적용

재정	제목	내용
2-4/3	플레이어가 다음 스트로크를 면제받은 것으로 잘못 생각하고 볼을 집어 올린 경우	무벌타 리플레이스 (1 벌타 리플레이스)
2-4/3.5	캐디가 스트로크를 양보한 경우	〃
11-4b/2	티 마커 하나가 없을 때 경기자들이 티잉 그라운드 구역을 판단	무벌타 (11-4b 적용)
13-2/4.5	볼을 드롭할 장소에 디보트를 제자리에 갖다 놓은 경우	무벌타 (13-2 적용)
13-4/39	매치에서 잘못된 순서로 플레이한 후 벙커 정리; 그 후 상대편이 다시 스트로크하라 요구	무벌타
15/10	국외자가 인 바운드로 던진 볼을 플레이; 플레이어와 캐디 모두 그 사실을 모른 경우	무벌타 (알았다면 27-1 처리)
18-1/9	나무 위에 걸린 볼을 국외자가 때려 떨어뜨린 경우	무벌타 리플레이스 또는 언플레이어블 볼
19-2/6	상대가 끌고 있는 플레이어의 카트에 맞고 볼의 방향이 변경되거나 정지된 경우	무벌타 그대로 플레이 (알았다면 1 벌타 〃)

예측불가의 게임인 것이다. 따라서 모든 행위와 그 결과물들을 플레이어의 책임으로 귀책시킬 수는 없다. 이러한 상황에서 형평성 조항인 규칙 1조 4항은 면책 조항으로서의 역할을 수행하는데, 이러한 재정 사례들은 8개에 이른다.

재정 2-4/3과 재정 2-4/3.5에서 규정하고 있듯이 상대방이나 캐디의 말이 당연하거나 합리적으로 플레이어가 스트로크를 양보받았다고 생각하였다면 플레이어의 행동은 면책 사유에 해당되어 형평성 조항이 적용된다. 그러한 말이나 행동이 없었다면 일반 규칙이 적용되어 해당 벌타를 받게 된다.

재정 2-4/3.5에서 "플레이어의 캐디에게는 스트로크를 양보할 권한이 없기 때문에 양보한다는 취지의 말은 무효 → 상대방은 합리적으로 다음 스트로크를 양보받았다고 생각 → 형평성 조항 적용 → 상대방은 무벌타 리플레이스"로 연결되는 논리적 고리는 약하다. 무효인(invalid) 양보에 근거하여 합리적으로 양보를 받았다고 판단하여 형평성 조항을 적용하는 것은 다소 논리적으로 무리가 있다고 보여진다.

플레이어가 티 마커 하나가 없을 때 티잉 그라운드 구역을 판단하여 플레이하였더라도 유리한 점이 없었다고 위원회를 납득시킬 수 있다면 면책되며(재정 11-4b/2), 볼을 드롭할 장소에 디보트를 메꾸어도(재정 13-2/4.5), 벙커를 정리하여도(재정 13-4/39) 그 당시에 다시 스트로크 해야 된다는 사실을 몰랐다면 면책이 된다.

특히 재정 15/10은 국외자가 OB 지역에 있는 플레이어의 볼을 인바운드로 던진 사실을 모르고 플레이하였다면 오구 플레이도 아니며 따라서 그 스코어도 접수되어야 한다고 규정하고 있다. 이러한 재정은 골프 경기가 넓은 코스에서 이루어지며 플레이어의 잘못으로 귀책될 수 없는 여러 상황들이 발생할 수 있다는 점을 잘 지적하고 있다.

8. 형평성 있는 해결방안 제시책으로서의 형평성 조항

매치 플레이 경기에서 두 플레이어가 모두 5분 이내로 지각한 경우

〈표 5-16〉 형평성 있는 해결방안 제시책으로서의 형평성 조항의 적용

재정	제목	내용
6-3a/3	매치에서 두 플레이어가 모두 지각한 경우	1번 홀 비김
10-1a/2	클레임이 있었던 다음 홀에서의 아너의 결정	제비 뽑기
15-1/3	오구를 플레이한 홀을 모르는 경우	형평성 있게 매치 상태 조정
17/6	볼이 깃대에 달아 놓은 깃발에 걸린 경우	홀 가장자리에 플레이스
18-1/5	국외자가 훔쳐간 볼이 있었던 지점을 모르는 경우	가장 유리, 가장 불리한 곳이 아닌 지점에 드롭
20-3d/2	벙커 안 장해물 제거 시 볼을 움직였는데, 리플레이스할 때 볼을 정지시킬 곳이 벙커 안에 없는 경우	후방선 드롭(1 벌타)
30/2	포볼 매치에서 상대편이 공용하는 캐디가 플레이어의 볼을 움직인 경우	상대편 각자에게 벌타 부과
34-1a/1	3라운드까지 진출한 플레이어가 1라운드 매치 시 합의의 반칙으로 경기실격이 된 경우	1라운드 실격(상황에 대한 지침은 34-1b/8 참조)
34-1b/8	매치 플레이에 진출한 플레이어가 예선 라운드의 스코어 오기로 경기실격이 된 경우	4가지 방식 제시

에는 1번 홀에 대한 패의 벌을 받게 되는 두 플레이어들은 형평의 이념에 따라서 비긴 것으로 간주되며(재정 6-3a/3), 클레임이 있었던 홀의 다음 홀에서의 아너는 형평성 있는 해결 방안이 제비뽑기 방식(재정 10-1a/2)이라고 제시되고 있다.

볼이 깃대에 달아 놓은 깃발에 걸린 경우는 홀 가장자리에 플레이스하여 플레이하라는 해결책이 형평성 있는 방안이며(재정 17/6), 재정 18-1/5에서는 최초의 볼이 놓여 있었을 가능성이 동일한 여러 지점들 중에서 가장 유리한 지점도 아니고 가장 불리한 지점도 아닌 한 지점에 볼을 드롭하는 방법이 형평에 맞다고 제시되고 있다.

재정 30/2에서는 포볼 매치에서 상대편이 공용하고 있는 캐디가 플레이어의 볼을 움직인 경우에는 상대편의 어느 한 플레이어에게만 벌을 줄 수는 없으므로 형평성 조항을 적용하여 상대편의 두 플레이어에게 1 벌타씩 부과하라고 재정하고 있어서 흥미로운 재정이다.

지금까지 간략하게 살펴본 바와 같이 2016~2017 골프규칙재정은 1,264개의 재정으로 이루어져 있다. 이 재정 중에서 형평의 이념이 적용된 재정 사례는 102개에 이른다. 이 102개의 사례들은 총 재정수 1,264개 중 8.07%의 비중을 차지하고 있다. 플레이 규칙이 34개조, 124개항으로 이루어졌다는 사실을 감안할 때 한 개의 조항이 차지하는 비율로는 상당한 비중인 것이다.

형평성 조항은 개별적인 플레이 규칙들을 넘나들고 있다. 플레이 규칙 22개와 연계를 맺고 있는 것이다. 골프 규칙에 규정한 바대로 재정하는 것보다 골프 규칙에 규정되어 있지 않은 사항들에 대해서 재정하는 일이 더 어렵다. 더욱이 자의적인 재정을 내릴 가능성도 높다.

그러므로 형평성 조항인 규칙 1조 4항에 대한 이해뿐만 아니라, 이 조항이 적용된 102개의 사례 분석을 통하여 전체적인 맥락을 파악하는 일이 중요한 것이다(〈표 5-17〉 참조).

〈표 5-17〉 형평성 조항이 적용된 재정 사례별 범주

형평성 조항의 적용 사례별 범주		재정 사례수	연계된 규칙
1-4 적용 불가한 경우 예시		2	1-4
유사한 상황으로 환원하여 규칙 적용		28	1-4, 2, 4, 7, 8, 13, 18, 19, 20, 23, 25, 27
골프의 2대 원칙 보호		13	1-2, 13, 16, 20, 23, 33
여러 번의 벌 적용		16	1-4, 4, 13, 14-3, 15, 18, 19, 20
위원회의 잘못 시정		7	33, 34
특수한 상황에서 구제 절차 확립	2가지 상황	2	1-4
	위험한 상황	4	1-4, 33
	규칙 적용이 가능하도록 개입	1	1-4
	원구와 잠정구 식별불가 상황	1	27
규칙의 정신이나 플레이어의 권리 보호	규칙의 목적과 정신 보호	5	8, 17, 20, 30
	플레이어의 권리 보호	6	2-4, 16-2, 27-2b
	면책 조항	8	2-4, 11, 13, 15, 18, 19
형평성 있는 해결방안 제시		9	6, 10, 15, 17, 18, 20, 30, 34

* 출처: R&A, *2016 Decisions on the Rules of Golf*에서 수작업으로 형평성 조항이 적용된 재정 사례들을 추출·분석하여 범주화 작업

6

휴대품에 관한 규칙들
(Equipment Rules)

휴대품에 관한 규칙들(Equipment Rules)

용어의 정의에 의하면 휴대품(Equipment)이란 플레이어와 플레이어의 캐디가 사용, 착용, 소지 또는 휴대하고 있는 모든 물건을 말한다. 개정된 2016 골프 규칙에서 코스의 보호를 위해 코스에 놓여 있는 물건도(예를 들어 고무래 …) 들고 있거나 휴대하고 있을 때에는 휴대품이 된다고 규정하고 있다.[27] 좀 더 명확하게 바뀌었

---

[27] 벙커 안에 있는 볼을 플레이하였는데 그 볼이 우연히 플레이어의 캐디가 잡고 있는 고무래에 맞고 정지되거나 방향이 변경된 경우에는 어떻게 재정해야 할까? 개정 전에는 캐디가 규칙 19-2를 위반한 것이고 캐디의 규칙 위반도 플레이어가 책임져야 하기 때문에(규칙 6-1) 플레이어는 벌타를 받고 그 볼은 있는 그대로의 상태로 플레이해야 된다고 재정하였다. 휴대품의 용어 정의를 개정함으로써 이 재정이(재정 19-2/10) 규칙 6-1을 거론할 필요 없이 휴대품에 의한 규칙 19-2

규칙	내용
규칙 4조(클럽)	4-1 클럽의 형태와 구조 4-2 성능의 변경과 이물질 4-3 손상된 클럽 4-4 클럽은 14개가 한도
규칙 5조(볼)	5-1 총칙 5-2 이물질 5-3 플레이에 부적합한 볼
규칙 4조 및 5조에 대한 재정	4조 - 40개 재정 5조 - 16개 재정
부속 규칙 II (클럽의 디자인)	1. 클럽 2. 샤프트 3. 그립 4. 클럽 헤드 5. 클럽 타면(club face)
부속 규칙 III(볼)	1. 총칙 2. 무게 3. 크기 4. 구형의 대칭성 5. 초속 6. 총거리 표준
부속 규칙 IV(기기 및 다른 장비)	1. 티 2. 장갑 3. 골프화 4. 골프복 5. 거리 측정기
클럽과 볼의 규칙에 관한 지침	규칙 4조와 5조, 부속 규칙 II 및 III을 종합하여 클럽과 볼에 대하여 상세하게 해설하고 있는 지침

다고 볼 수 있다.

골프 규칙에서 휴대품에 관한 규칙들은 플레이 규칙에서 규칙 4조와 규칙 5조, 부속 규칙에서 II, III 및 IV가 있다. 또한 R&A의 "클럽과

위반으로 간단하게 정리되었다.

볼의 규칙에 관한 지침(A Guide to the Rules on Clubs and Balls, Jan 2016 Edition 5)"도 포함시켜야 한다.

휴대품 특히 클럽과 볼의 적합성 여부에 대한 재정 문제가 가장 까다롭다. 예를 들어 클럽의 적합 여부에 관하여 라운드 중이거나 대회 기간 중에 현장에서 재정을 내려야 한다면 어떤 절차를 따라야 할까?

첫째로, 적합한 클럽으로 플레이해야만 하는 책임은 전적으로 플레이어에게 있다는 사실을 유념해야 한다. 현장에서 클럽의 부적합 여부를 경기위원이나 위원회에 문의함으로써 이 책임을 떠넘길 수는 없다.

둘째로, 비록 드물게 발생한다고 할지라도 클럽의 적합 여부를 현장에서 문의할 경우에 경기위원이나 위원회는 적절한 절차에 따라서 재정을 내려야 한다. 골프 규칙과 골프규칙재정을 살펴보고, 클럽과 볼의 규칙에 관한 지침을 읽어보고, R&A의 Website에서 적격 드라이버 헤드 목록, 부적격 드라이버 목록 및 적격 골프볼 목록 등을 찾아보거나 직접 R&A에 문의한 후에 재정을 내려야 한다.[28]

셋째로, 플레이어의 출발시간 직전이거나 R&A 등의 조언을 구할 수가 없을 경우에는 플레이어에게 문제의 클럽을 휴대하지 말도록 권고해야 한다. 그 이후에 적합한 것으로 판정이 되면 이에 따른 후속 조치(예를 들면 그 라운드에 문제의 클럽을 추가하거나 다음 라운드에서 사용)를 내려야 한다.[29]

넷째로, 적절한 협의 절차를 통해서도 확정적인(definitive) 재정을

---

28 R&A, "A Guide to the Rules on Clubs and Balls," p.61.
29 위의 글.

내릴 수 없는 경우에는 그 문제의 클럽을 스트로크 플레이에서는 대회 중 사용하도록 허가(a Duration of Competition Answer)하거나, 매치 플레이어에서는 라운드 중 사용하도록 허가(a Duration of Round Answer)해야 한다.

클럽을 사용하도록 재정을 내렸으나 나중에 부적격 클럽으로 판명되는 잘못보다는 클럽을 소지하거나 사용하지 말라고 재정을 내렸는데 후에 적격한 클럽으로 밝혀지는 잘못이 더 크다는 사실을 명심해야 한다.[30]

---

30 위의 글.

7

교체한 볼과 오구

7

교체한 볼과 오구

플레이어는 티잉 그라운드에서 플레이한 볼로 홀 아웃하지 않으면 안 된다(규칙 15-1). 볼은 플레이어가 티잉 그라운드에서 스트로크하자마자 "인 플레이"로 된다(인 플레이 볼의 용어의 정의). 이렇게 인 플레이 볼이 된 그 볼은 i) 분실, ii) OB, iii) 집어 올려짐, iv) 홀 아웃됨, v) 허용 여부와 상관없이 교체되는 경우 등 5가지를 제외하고는 인 플레이 상태를 유지하게 된다.

I. 인 플레이 볼의 정의

한 홀의 플레이를 시작할 때 티잉 그라운드 밖에서 플레이한 볼은 인 플레이가 아니다(매치 플레이어에서는 인 플레이 볼이 되나 상대방은 그 스트로크를 취소할 수 있음). 이 잘못을 시정하려고 다시 티잉 그라운드 밖에서 플레이한 볼도 인 플레이가 아니다. 티잉 그라운드 밖에서 플레이한 횟수와는 상관없이 2 벌타를 받고, 티잉 그라운드 안에서 스트로크해야 인 플레이 볼이 되며, 규칙 11-4가 적용된다.

티잉 그라운드 안에서 스트로크한 볼이 OB가 되어서 다시 쳐야 할 때 티잉 그라운드 밖에서 플레이하였다면 어떻게 재정해야 할까? 인 플레이 볼의 용어의 정의(… 그 이외의 경우 인 플레이 볼에는 플레이어가 다음 스트로크를 티잉 그라운드에서 하기로 하였거나 규칙에 따라 그곳에서 쳐야 할 때 티잉 그라운드 밖에서 플레이한 볼이 포함된다. …)에 의하여 티잉 그라운드 밖에서 스트로크한 그 볼은 인 플레이 볼이 된다. 2가지 경우로 나누어 살펴보자.

티잉 그라운드 안에서 친 볼이 OB가 되거나 분실구가 되어서 규칙에 따라 티잉 그라운드 안에서 다시 쳐야 할 때(required to play …) 티잉 그라운드 밖에서 플레이하였을 경우에는 그 볼이 인 플레이 볼이 되며 규칙 20-5 위반으로 2 벌타를 받게 된다.

티잉 그라운드 안에서 친 볼이 언플레이어블 볼로 간주하여 다시 티잉 그라운드에서 치기로 하였을 때(규칙 28a, 28b 또는 28c의 선택 사항 중 28a 선택; elect to play …), 또는 워터 해저드에 빠져서 다시 티잉 그라운드에서 치기로 결정하였을 때(예를 들어 규칙 26-1a, 26-1b 또는 26-1c 중 26-1a 선택) 티잉 그라운드 밖에서 친 경우에도 똑같은 재정이 적용된다.

II. 인 플레이 볼과 분실구의 관계

볼이 분실구가 되는 경우는 5가지가 있다(용어의 정의 "분실구" 참조). a. 5분 이내에 볼을 발견하지 못하였거나 발견하였는데 자신의 볼임을 확인하지 못했을 경우에는 인 플레이 볼이 분실구가 된다.

플레이어는 선언에 의해서 볼을 분실구가 되게 할 수는 없으며(재정 27/16), 5분 이내에 찾은 볼은 그 확인을 거부할 수도 없다(재정 27/13). 구분할 수 없는 2개의 볼이 두 플레이어의 볼이라면 자신의 볼을 확인할 수 없는 경우이기에 2개의 볼 모두 분실구가 된다(재정 27/10). 구분할 수 없는 2개의 볼이 원구와 잠정구이어서 같은 플레이어의 볼이라면 원구와 잠정구를 식별할 수 없는 경우로 형평의 이념(규칙 1-4)이 적용된다(재정 27/11). 예를 들어 두 볼 모두 인 바운드에서 발견되었다면 플레이어는 1개의 볼을 선택하여 그 볼을 잠정구로 취급하고 다른 볼은 분실구로 처리하여야 하는 것이다.

두 플레이어의 볼 2개를 각자가 자신의 볼이라고 확인할 수 없는 경우에 관객의 증언이 있어서 위원회가 그 증언을 타당하다고 받아들이면 분실구가 아니고 인 플레이 볼로 간주된다(재정 27/12). 또한 야자수 나무 속에 플레이어의 볼이 걸리는 상황을 갤러리가 지켜보았다는 관객의 증언이 받아들여지면 플레이어가 직접 확인하지 않았다고 할지라도 분실구로 처리되지 않는다. 2015년 LPGA 투어 노스 텍사스 슛아웃 1라운드 14번 홀에서 리디아 고 선수는 관객의 증언 덕분으로 나무 위에 걸린 볼을 인 플레이 볼로 인정받아 그 볼을 언플레이어블 볼 처리를 한 바 있다.

나무 위에 높이 걸려 있는 볼일지라도 쌍안경 등을 사용하여 그 볼을 자신의 볼로 확인할 수 있으면 비록 회수할 수 없을지라도 분실구가 아니다(재정 27/14). 나무 위에 걸려 있는 볼을 볼 수는 있으나 그 볼이 자신의 볼인지 확인할 수 없다면 그 볼은 분실구가 되어 규칙 27-1이 적용된다(재정 27/15).

분실구와 관련된 특수한 상황도 있다. 예를 들어 파-3홀에서 플레이어가 볼이 분실되었는지도 모른다고 생각하여 잠정구를 플레이하고, 5분간 원구를 찾아보았으나 발견하지 못하고 그 잠정구를 플레이하였는데, 원구가 홀인된 것을 발견하였다면 어떻게 재정하여야 할까? 이 홀의 플레이는 플레이어가 원구를 홀에 넣는 시점에 끝낸 것이고(규칙 1-1), 따라서 5분이 지난 후에 발견된 원구가 사실은 분실구가 아닌(재정 1-1/3 참조) 특수한 상황이 된다.

볼이 분실구가 되는 다른 4가지 경우(b, c, d, e)에서 c와 d의 경우에서처럼 다른 볼을 인 플레이로 하였을 때라도 티잉 그라운드에서는 스트로크해야 인 플레이 볼이 된다는 사실을 유념해야 한다. 예를 들어 플레이어가 티잉 그라운드에서 플레이하고 2분여 동안 볼을 찾아보았으나 발견하지 못하여 다른 볼을 티업하였으나, 그 볼을 플레이하기 전 5분간의 찾는 시간 이내에 원구를 발견하였다면 티업한 볼을 버리고 원구를 플레이해야 한다(재정 27-1/1). 티업한 볼은 스트로크하지 않았기에 인 플레이 볼이 아닌 것이며, 따라서 원구도 분실된 것이 아니기 때문이다.

이와는 대조적으로 스루 더 그린에서는 다른 볼을 드롭하는 순간 원구는 분실구가 되기 때문에 5분간의 찾는 시간 이내에 원구가 발견되더라도 교체한 볼로 플레이를 계속하지 않으면 안 된다(재정 27-1/2).

원구는 5분 이내에 발견되지 않거나 확인되지 않으면 분실구가 된다. 그러나 발견되지 않았던 원구가 국외자에 의하여 움직였다는 것(규칙 18-1), 장해물(규칙 24-3) 안에 또는 비정상적인 코스 상태(규칙 25-1c) 안에 있다는 것을 알고 있거나 사실상 확실한 경우에는(규칙 27-2b 예외 참조) 플레이어에게 선택권을 부여하고 있다.

예를 들면 티샷한 볼이 긴 러프 속에서 분실될 가능성이 있어서 잠정구를 플레이하고, 원구를 찾아보았으나 그 광범위한 러프 지역을 위원회가 수리지로 표시해 놓은 것을 알았다. 따라서 최초의 볼이 수리지에 있다는 것이 사실상 확실하다고 입증되었다. 이러한 경우에 어떻게 재정하여야 할까? 플레이어는 규칙 27-2b에 의하여 잠정구로 플레이를 계속하거나 자신의 볼이 수리지 안에 있다는 사실이 사실상 확실하기 때문에 규칙 25-1c(i)에 의하여 처리할 수 있다(재정 27-2c/1.5). 잠정구로 4타째를 치거나 수리지 구제를 받아 2타째를 플레이할 수 있는 선택 사항 중 하나를 선택할 수 있다는 흥미로운 재정이다.

III. 볼의 교체가 가능한 경우

　　티샷한 볼로 홀 아웃하는 것이 골프 경기의 원
칙이나 볼을 분실하는 경우 등이 비일비재하게 발생하기 때문에 불가피
하게 볼을 교체할 수밖에 없다. 규칙에 의하여 볼의 교체가 가능한
경우를 도표로 정리하면 〈표 7-1〉과 같다.

　　다음의 〈표 7-1〉에서 "곧 회수할 수(immediately recoverable) 없
는" 5가지 경우는 몇 초 안에(within a few seconds) 볼이 회수될
수 없는 경우를 말한다(재정 18/11). 캐주얼 워터 안에 있는 볼을 구제
받을 때 곧 회수할 수 있는 경우에(재정 25-1/1 참조; 캐주얼 워터
안에 있는 볼은 회수하는 데 무리한 노력을 들일 의무는 없다) 다른
볼로 드롭하고 규칙 20-6에 따라 시정하지 않고 그 볼을 스트로크하면
규칙 15-2 위반으로 2 벌타를 받게 된다. 볼 교체가 가능하다고 착각하
기 쉬운 상황이다.

　　〈표 7-1〉에서도 살펴볼 수 있듯이 워터 해저드 안에 들어간 볼을
구제받을 경우에는 볼의 교체가 가능하다. 워터 해저드 안에 있는 볼은
곧 회수할 수 있더라도 회수할 의무는 없다. 다른 볼을 드롭해도 된다.
그러나 드롭한 볼을 재드롭해야 할 경우에는 최초로 드롭한 볼을 곧

〈표 7-1〉 볼의 교체가 가능한 경우

규칙	내용
5-3	플레이에 부적합한 볼
18조 주 1	리플레이스해야 할 볼을 곧 회수할 수 없는 경우
20-2c 주 2	재드롭 또는 플레이스해야 할 볼을 곧 회수할 수 없는 경우
24-1 주	드롭하거나 플레이스할 볼을 곧 회수할 수 없는 경우
24-2b 주 2	드롭하거나 플레이스할 볼을 곧 회수할 수 없는 경우
25-1b 주 2	드롭하거나 플레이스할 볼을 곧 회수할 수 없는 경우
26	워터 해저드 안에 들어간 볼
27-1b	아웃 오브 바운드 볼
27-1c	5분 이내에 발견되지 않은 볼
28	언플레이어블 볼

회수할 수 없는 경우가 아닌 한, 볼을 교체할 수는 없기 때문에 최초의
볼을 재드롭하여야만 한다(재정 20-6/4). 이러한 경우도 혼동하기가
쉽다.

IV. 교체한 볼과 인 플레이 볼의 관계

　　"교체한 볼"이란 용어의 정의에 의해서 볼의 교체가 허용되는가의 허용 여부와는 상관없이 인 플레이 볼, 분실구, OB 볼 또는 집어 올려진 원구 대신에 인 플레이로 한 볼을 의미한다. 규칙에 따라서 허용된 경우에 교체한 볼은 인 플레이 볼이 된다(규칙 15-2).

　　다른 볼로 교체가 허용되지 않는데 플레이어가 볼을 교체한 경우 그 교체한 다른 볼은 오구가 아니고 인 플레이 볼로 된다(규칙 15-2). 다만 이 경우에는 규칙 20-6에 따라 시정할 수 있는 기회가 있다. 그러나 시정하지 않고 잘못 교체한 볼을 스트로크한 경우에 2 벌타를 받게 된다. 따라서 교체한 볼은 그 볼이 드롭되거나 플레이스되었을 때 인 플레이 볼이 된다(규칙 20-4).

　　규칙 20-4는 의도에 근거하는 규칙(intent-based rule)이다. 볼을 드롭하거나 플레이스할 때에 그 볼을 인 플레이 볼로 할 의사가 있었느냐의 여부를 먼저 고려해야 한다. 플레이어가 퍼팅 그린 위에 있는 볼 뒤에 동전으로 마크하고 볼을 닦도록 캐디에게 주었는데, 그 캐디가 그 볼을 동전의 바로 뒤(원 위치가 아님)에 놓았을 경우에 그 볼은 캐디가 볼을 플레이스한 시점에 인 플레이가 될까?

　　캐디가 그 볼을 인 플레이할 의사를 가지고 플레이스한 경우에 그 볼은 인 플레이 볼이다. 이 볼을 플레이하면 오소 플레이가 된다. 인 플레이로 할 의사가 없었다면(예: 퍼트 선을 읽기 위한 기점으로 활용되도록 볼을 플레이스한 경우 등) 그 볼은 인 플레이 볼이 아니기 때문에 그 볼을 스트로크하면 오구를 플레이한 것이 된다(재정 20-4/2).

지금까지 살펴본 바와 같이 교체한 볼은 인 플레이 볼이 된다. 교체된 볼을 스트로크했을 때 원구는 분실구가 된다. 교체가 허용되지 않을지라도 그 교체한 다른 볼은 오구가 아니다.

V. 교체한 볼과 오구와의 관계

오구는 플레이어의 인 플레이 볼, 잠정구, 제2의 볼(규칙 3-3이나 20-7c)을 제외한 모든 볼이다. 오구는 플레이어의 인 플레이 볼과 관계가 있기에 다른 플레이어의 볼은 오구이다. 스루 더 그린에서 A가 B의 볼을 스트로크하였다면 A는 오구를 플레이한 것이고 B는 A가 오구를 플레이했던 지점에 벌 없이 다른 볼을 플레이스하고 플레이하면 된다(재정 15-3b/1 참조).

오구는 플레이어의 인 플레이 볼과 관계가 있기에 플레이어에 의해서 분실, OB가 되거나 집어 올려져서 인 플레이 상태를 벗어나게 된 경우에 그 볼을 치면 오구가 된다. 5분을 초과하여 찾은 원구는 분실구이고 그 볼을 플레이하면 오구를 플레이한 것이다(재정 15/6). 플레이어가 볼을 집어 올려서 옆에 놓은 상태에서 그대로 플레이한 경우에 플레이어가 볼을 집어 올린 시점에 그 볼은 인 플레이가 아닌 볼이 되고 따라서 오구를 플레이한 것이 된다(재정 15/4).

오구의 용어의 정의에서 뒷부분이 중요한 부분이다: "인 플레이 볼에는 볼 교체가 허용되는가 안 되는가의 여부에 상관없이 인 플레이 볼을 다른 볼로 교체했으면 그 교체한 볼도 포함된다. 교체한 볼은 그 볼이 드롭되거나 플레이스되었을 때 인 플레이 볼이 된다(규칙 20-4)." 따라서 교체한 볼은 인 플레이 볼이다. 오구가 아닌 것이다. 오구는 인 플레이 볼(Ball in play)이 아닌 볼인 반면에, 교체한 볼은 플레이어가 인 플레이 볼 대신에 인 플레이로 한(put into play) 볼이라는 차이점이 있다.[31]

교체한 볼과 오구와의 차이를 잘 드러내고 있는 재정이 바로 재정 15-1/2.5이다: "A가 퍼팅 그린을 향하여 플레이하였는데 동반 경기자인 B의 볼을 부딪혔으나 두 볼 모두 그린 위에 정지하였다. 이때, B는 규칙 18-5 및 20-3c에 의하여 처리하면서 잘못 알고 A의 볼을 집어 올려 자신의 볼이 움직이기 전에 놓여 있었던 지점에서 될수록 가까운 곳에 플레이스한 후에 A의 볼로 홀 아웃하였다. 그 후 A도 잘못 알고, B의 볼을 집어 올리지 않고 B의 볼로 홀 아웃하였다. 이러한 경우에 어떻게 재정하여야 할까?

결론부터 이야기하자면, A는 오구를 플레이한 것이고, B는 볼을

---

31 자신의 볼로 착각하여 이 볼을 쳤는데 OB가 되어서 규칙 27-1에 의하여 다른 볼을 플레이하였는데, OB가 된 볼은 오구였으며 원구가 인 바운드에 있는 경우는 어떻게 재정하여야 할까? 재정 15/11에 의하면 오구 → 오구 플레이의 계속이기 때문에 규칙 15-3 위반으로 2 벌타를 받은 후 원구로 플레이를 계속하면 된다. 달리 말하면 OB가 된 오구 대신에 교체한 볼은 오구 플레이의 계속이고, 인 플레이 볼로 드롭하거나 플레이스하여 교체한 볼을 플레이한 것은 아니다. 혼동하기 쉬운 상황이다.

교체한 것이다. 따라서 A는 B로부터 자신의 볼을 되찾아 B가 집어 올렸던 지점에 그 볼을 리플레이스하여 홀 아웃하지 않으면 경기실격이고, A의 볼을 자신의 인 플레이 볼로 만든 B는 2 벌타를 받게 된다(규칙 15-2 및 18-5 위반).

위의 경우에서 A와 B, 모두 자신의 원구가 아닌 볼로 플레이하였는데 A는 오구, B는 교체한 볼로 판정받게 되었을까? 첫째로, 오구는 플레이어가 인 플레이로 한 볼이 아니고, 교체한 볼은 플레이어가 인 플레이로 한 볼이라는 결정적인 차이점을 갖고 있다. 오구는 인 플레이 볼 여부를 판정하는 것이지 그 볼의 소유 관계를 따지는 것이 아니다. 달리 말하면 오구는 인 플레이 볼이 아닌 볼이고, 교체한 볼은 인 플레이 볼이라는 차이가 있다. 따라서 A는 오구를 친 것이고, B는 볼을 교체한 것이다.

둘째로, 오구는 인 플레이 볼이 아닌 볼을 놓여 있는 그대로 플레이할 때 발생한다. 반면에 교체한 볼은 플레이어가 교체한 볼을 드롭하거나 플레이스하였을 때 인 플레이 볼이 되는(규칙 20-4) 것이다. 따라서 A는 오구 플레이를 한 것이고, B는 볼을 교체한 것이다.

셋째로, 오구는 볼의 출처(origin)를 고려하지만 교체한 볼은 볼의 출처를 따지지 않는다. 오구는 플레이어의 인 플레이 볼(잠정구와 제2의 볼 포함)이 아닌 볼이다. 다른 플레이어의 볼, 버려진 볼, 더 이상 인 플레이 볼이 아닌 플레이어의 원구 등등 볼의 출처를 살펴봐야 한다.

반면에 교체한 볼은 볼의 출처를 상관하지 않는다. 다른 플레이어의 볼이든, 버려진 볼이든(물론 그 볼의 적격 여부는 전혀 다른 문제이다), 상관없이 그 볼을 플레이어가 인 플레이로 하려는 의도로 드롭하거나 플레이스하면 그뿐이다. 따라서 A는 다른 플레이어인 B의 볼을 놓여 있는 그대로 플레이하였으므로 오구 플레이인 것이며, B는 다른 플레이어인 A의 볼을 집어 올려 플레이스하여 인 플레이로 만들었기 때문에 교체한 볼로 플레이한 것이다.

지금까지 논의를 바탕으로 재정 15/14를 살펴보자; "벙커 안에 놓여 있는 볼을 자신의 볼이라고 생각하여 언플레이어블로 간주하고 벙커 안에 그 볼을 드롭한 후 플레이하여 벙커를 탈출하고 보니 그 볼이 원구가 아니고 버려진 볼이었다." 이런 경우에 이 플레이어는 오구를 플레이한 것일까?

오구를 플레이한 것이 아니라 교체한 볼을 플레이한 것이다. 왜 그런가? 버려진 볼을 놓여 있는 그대로 플레이하였다면 오구를 플레이한 것이다. 그러나 버려진 볼을 집어 올려서 드롭한 순간 이 볼은 인 플레이가 되는 것이다. 따라서 교체한 볼이다. 이 교체한 볼을 스트로크 하는 순간에 원구는 분실구의 용어의 정의(e)에 의하여 분실구가 된다.

그렇다면 이 교체한 볼은 규칙에 의하여 허용된 것인가? 규칙 28b 나 28c는 원구의 기점 확인이 없으면 적용할 수 없는(재정 28/1 참조) 규칙이다. 이 경우에는 버려진 볼을 집어 올려서 규칙 12-2에 의거하여 확인할 수 있는 권리가 보장되어 있다. 그럼에도 불구하고 플레이어가 버려진 볼을 집어 올려 드롭하여 스트로크하는 순간 규칙 20-6에 의하여 잘못 교체한 볼을 수정할 수 있는 기회를 잃어버린 것이 된다.

교체한 볼을 드롭할 당시에는 원구의 위치를 몰랐기 때문에 플레이어는 규칙 27-1에 의하여 처리해야 되는 상황이었고 그 교체한 볼이 규칙 27-1에서 요구되는 지점에 드롭되지 않았기 때문에 플레이어는 오소에서 플레이한 것이 되었다(재정 28/15 참조). 따라서 플레이어는 규칙 27-1에 의한 1 벌타, 오소에서 플레이한 것에 대하여 규칙 20-7c 위반으로 2 벌타를 추가해서 받게 되며, 중대한 위반이기 때문에 반드시 시정해야만 한다.

위 상황에서 교체한 볼을 드롭할 당시에 원구의 위치를 알았다면 어떻게 재정해야 할까? 이 경우에는 재정 18-2/8.5를 살펴보면 적절한 처리 절차를 알 수 있다. 볼이 수리지 안에 있다는 것을 모르는 플레이어가 볼이 있는 그대로의 상태로 플레이하였는데 그 뒤에 자신의 볼이 수리지 안에 있었다는 사실을 알고, 원구를 버리고 다른 볼을 수리지의 처리 절차에 의하여 드롭하고 플레이하였다면 어떻게 재정하여야 할까?

다른 볼을 드롭하였을 때 볼을 교체한 것이며 그 볼은 인 플레이로 되었다(규칙 20-4). 교체한 볼을 드롭할 당시에 원구의 위치를 알았을 경우에 그 볼의 교체는 허용되지 않는다. 따라서 규칙 20-6에 의해서 그 잘못을 시정하지 않고 잘못 교체한 볼을 스트로크한 경우에 규칙 15-2와 오소 플레이로 규칙 20-7도 위반한 것이 되며 이때 적용할 수 있는 규칙은 규칙 13-1(볼은 있는 그대로 플레이하지 않으면 안 된다)이다. 따라서 오소 플레이로 2 벌타(규칙 20-7c 위반)를 받지만 잘못 교체한 것에 대한 추가의 벌은 없다(규칙 15-2 예외).

한편 교체한 볼을 드롭했을 당시 원구의 위치를 알지 못했을 경우에는 재정 15/14, 재정 28/15에서와 같이 규칙 27-1에 의하여 처리했어야 하며 이 경우에는 볼의 교체가 허용된다. 그러나 교체한 볼을 규칙 27-1에서 요구하는 지점에 드롭하지 않았기 때문에 오소 플레이가 되며, 중대한 위반인 경우에는 규칙 20-7c 규정에 따라 반드시 시정해야만 한다.

지금까지 살펴본 바를 오구와 교체한 볼의 처리 흐름도로 간략하게
정리해 보면 다음과 같다.

〈표 7-2〉 오구와 교체한 볼의 처리 흐름도

`오구` - 인 플레이 볼이 아닌 볼을 놓여 있는 그대로 스트로크: 오구 2 벌타(규칙 15-3)
           → 5분 동안 원구 찾아 플레이
           → 5분 후 분실구 처리(규칙 27-1 적용)

`교체한 볼` - 인 플레이 볼 대신에 인 플레이로 한 볼
        교체가 허용될 때: 해당 규칙에 따라 처리

        교체가 허용되지 않을 때

            교체 당시 원구 위치를 알 때 ← 규칙 13-1 적용
                : 오소 플레이 2 벌타(규칙 20-7c)
            교체 당시 원구 위치를 모를 때 ← 규칙 27-1 적용
                : 1 벌타(27-1) + 2 벌타(20-7c) ← 중대한 오소라면
                                      반드시 수정

8

구제 상황에서의 유의 사항들

8

구제 상황에서의 유의 사항들

34개 조로 구성되어 있는 플레이 규칙은 11개
의 주제별 범주로 분류되어 있다. 규칙 20조부터 규칙 28조까지의 9개
규칙들은 "구제 상황과 그 처리 절차(Relief Situations and Proce-
dure)"에 속해 있다. 골프 경기는 코스는 발견한 그 상태 그대로, 볼은
놓여 있는 그대로 플레이하는 것이 2대 원칙이다. 이렇게 플레이하지
못할 경우에는 공정하게 플레이해야 한다. 공정하게 플레이하라는 골
프 경기의 제3원칙은 규칙에 의거하여 플레이하라는 의미인 것이다.

"구제 상황과 그 처리 절차"에 속하는 9개 규칙들은 2대 원칙대로
플레이하지 못하는 상황에서 규칙에 의거하여 구제받는 절차를 규정하
고 있다. 규칙 20조, 21조와 22조 등 3개 규칙들은 볼이 집어 올려지

는 상황에서의 기본적인 사항들을 명시하고 있다. 벌 없는 구제 절차는 규칙 23조, 24조와 25조에서 취급하고 있다. 벌 있는 구제 절차는 규칙 26조, 27조와 28조에서 다루고 있다.

I. 약방의 감초격인 규칙 20조

볼을 집어 올리고 드롭과 재드롭, 플레이스와 리플레이스 등의 기본이 되는 절차와 방법 등을 규정하고 있는 규칙 20조(볼을 집어 올리기, 드롭하기 및 플레이스하기; 오소에서의 플레이)는 볼의 확인은 물론 모든 구제 상황에 필수불가결하게 인용되는 규칙이다. 온갖 처방에 꼭 들어가는 감초 역할을 하고 있는 규칙이다.

~ 할 수 있는 사람에 대한 3-1-2-3 공식

볼을 집어 올릴 수 있도록 허용된 사람은 누구인가? 볼 드롭은 누가 할 수 있는가? 플레이스와 리플레이스는 누구에게 허용되는가? 이러한 질문에 대하여 규칙 20-1, 규칙 20-2 및 규칙 20-3에 근거하여 일목요연하게 표로 정리하여 보자(〈표 8-1〉 참조).

"규칙에 의하여 집어 올리는 볼은 플레이어, 그의 파트너 혹은 플레이어가 승인한 다른 사람이 집어 올릴 수 있다"라는 규정은 규칙 24-2b(i)나 규칙 25-1b(i)의 규정(플레이어가 볼을 집어 올려야 한다)

사람 \ 행위	볼 집어올리기	드롭	플레이스	리플레이스
허용된 사람 (범주)	3(명)	1	2	3
플레이어	○	○	○	○
파트너	○	×	○	○
플레이어가 승인한 사람	○	×	×	○ (볼을 집어올린 사람: 예-캐디) (볼을 움직인 사람: 예-국외자)

에 우선하는(override) 규정이다(재정 20-1/0.5). 플레이스할 경우에
도 규칙 20-3a는 규칙 12-2의 규정(플레이어가 볼을 플레이스하거나
리플레이스하지 않으면 안 된다)에 우선한다(재정 20-3a/0.5).

캐디가 볼을 집어 올리기 위해서는 플레이어의 승인이 있으면 가능
하다. 한번에(예를 들어 라운드 출발 전에) 일괄적으로 승인하여 처리
할 수는 없으며, 볼을 집어 올리는 상황마다 승인을 별도로 해야 한다.
플레이어의 승인을 받아 볼을 집어 올린 캐디는 그 볼을 리플레이스할
수 있다.

위의 〈표 8-1〉에서 살펴볼 수 있듯이 볼을 드롭할 수 있는 사람은
플레이어 한 사람뿐이다(규칙 20-2a). "파트너"는 볼을 드롭할 수 없다.
예를 들어 포섬의 경우 한 편이 드롭해야 할 경우에 그 편에 속한 아무나
드롭할 수는 없고 그 편에 속한 플레이어로서 다음 플레이를 할 순서인
사람이 볼을 드롭해야 한다는(재정 29/4 참조) 점을 유의해야 한다.

플레이스와 리플레이스의 개념 차이

규칙 5-3은 플레이에 부적합한 볼의 여부를 검사하여 적합하다면 원구를 리플레이스하고, 부적합하다면 다른 볼로 교체하여 플레이스할 수 있다고 규정하고 있다. 이 규정에서 살펴볼 수 있듯이 플레이스는 집어 올렸거나 움직인 볼이 아닌 다른 볼을 원위치나 다른 지점에 놓는 행위, 집어 올린 볼을 원위치가 아닌 다른 위치에 놓는 행위를 의미한다.

예를 들어 다른 플레이어가 자신의 볼을 쳤을 경우에 플레이어는 다른 플레이어가 오구를 쳤던 지점에 볼을 플레이스하게 된다(규칙 15-3b). 재드롭했는데, 다시 재드롭 사유에 해당되면 재드롭할 때 볼이 처음 떨어진 지점에 되도록 가까운 곳에 그 볼을 플레이스하는 것이다(규칙 20-2c). 규칙 6-8d에 의하여 플레이를 재개할 때 볼을 플레이스할 지점을 결정할 수 없는 경우에 그 위치를 반드시 추정하여 그 지점에 볼을 플레이스해야 한다(규칙 20-3c 예외). 볼이 퍼팅 그린 위에 있을 때, 캐주얼 워터 등 비정상적인 코스 상태로부터 구제를 받는 경우에 가장 가까운 구제 지점이나 최대한의 구제를 받을 수 있는 가장 가까운 지점이 퍼팅 그린 밖에 있을 때에도 그곳에 플레이스해야 한다(규칙 25-1b(iii)).

이와는 대조적으로 리플레이스는 집어 올렸거나 움직인 볼을 원위치에 다시 놓는 행위를 말한다. 가장 흔한 예로 퍼팅 그린 위에서 마크한 볼을 원위치에 놓는 행위가 바로 리플레이스이다(규칙 16-1b). 또한 고무래에 걸쳐 있는 볼이 고무래(움직일 수 있는 장해물)를 치울 때 움직였다면 그 볼은 리플레이스해야 한다(규칙 24-1). 또 다른 예로 정지하고 있는 볼이 국외자에 의하여 움직였다면, 그 볼은 리플레이스해야 한다(규칙 18-1).

이와 같이 리플레이스는 X지점에서 집어 올린 A볼을 X지점에 다시 놓는 것이고, 플레이스는 X지점에서 집어 올린 A볼을 X지점이 아닌 Y지점에 놓거나 A볼이 아닌 B볼을 X지점에 놓는 것을 말한다.

플레이스와 리플레이스에 관련된 미묘한 규칙 상황을 예로 들어보자. 볼 위치를 마크할 때 볼 마커는 볼 뒤, 옆이나 앞에 놓아도 된다(재정 20-1/19). 볼의 위치를 정확하게 마크하고 있다면 볼 마커를 놓는 위치에 대한 제한은 전혀 없다. 볼 마커를 볼의 오른쪽 옆에 놓았는데(따라서 볼은 볼 마커의 왼쪽에 위치하고 있음), 볼을 집어 올려서 닦은 후에 볼 마커의 왼쪽에 놓아야 리플레이스인 것이다. 그런데 그 볼을 볼 마커의 오른쪽에 놓았다면 어떻게 재정하여야 할까?

이 경우에는 볼을 플레이스한 것이다. X지점(볼 마커의 왼쪽 지점)에 있던 그 볼을 집어 올려서 Y지점(볼 마커의 오른쪽 지점)에 놓았기 때문이다. 따라서 리플레이스하지 않았기 때문에 규칙 20-1 위반으로 일반의 벌을 받아 2 벌타를 받게 된다.

지금까지 살펴본 바와 같이 용어의 정의에는 "플레이스"와 "리플레이스"의 개념을 규정하고 있지 않다. 규칙을 적용하는 상황들에 따라서 플레이스 또는 리플레이스하는지가 정해져 있을 뿐이다. 더욱이 규칙 20-3c에 의하면 "볼을 플레이스하거나 리플레이스해야 할 지점을 결정할 수 없는 경우에는 스루 더 그린과 해저드에서는 드롭하라"고 규정하고 있다. 개념적으로 드롭함으로써 리플레이스(replace by dropping)한다는 추론이 가능한 것이다. 그러므로 개념에 있어서의 미묘한 차이점들을 유념해야 한다.

재드롭과 관련한 유의 사항

드롭과 관련하여 빈번하게 발생하는 규칙 상황은 재드롭해야 하는 9가지 경우이다. 혼동하기 쉬운 몇 가지 경우를 살펴보자.

첫째로, 규칙 20-2c(v)의 경우에서 구제를 받았으나 같은 상태의 방해가 되는 위치로 다시 굴러 들어가서 볼이 정지한 경우에는 재드롭 사유가 된다. 그러나 언플레이어블 볼 규칙에 의하여 드롭한 볼이 원위치나 볼을 플레이할 수 없는 다른 위치에 정지한 경우에는 재드롭 사유에 해당되지 않는다(재정 28/3). 볼이 있는 그대로 플레이하거나 다시 규칙 28조에 의하여 처리해야 한다.

둘째로, 규칙 20-2c(vi)의 경우에서 드롭한 볼이 2 클럽 길이 이상 굴러가서 정지한 경우에는 재드롭 사유에 해당된다. 이 경우에는 2 클럽 길이 여부를 측정해야 하는데 어떤 클럽을 사용해야 할까?

측정하는 데 사용하는 클럽은 가장 가까운 구제지점을 결정하는 클럽과는 아무런 상관이 없다. 규칙에 의하여 구제를 받는 플레이어가 그 규칙에 규정된 1 클럽 길이나 2 클럽 길이를 측정하는 데 사용된 클럽을 구제와 관련된 모든 측정에서 사용해야 한다. 즉, 드라이버로 1 클럽 길이를 측정하여 드롭구역을 설정하였다면 그 이후의 측정에서 그 드라이버를 사용하여야 한다(재정 20/1).

측정 없이 드롭한 경우에는(예를 들어 지면에 박힌 볼 구제의 경우) 드롭한 볼이 굴러간 길이를 측정하기 위하여 선정한 클럽을 계속 사용하여야 한다. 퍼터로 굴러간 길이를 측정하기 시작하였으면 도중에 다른 클럽으로 바꿀 수는 없고, 그 퍼터로 측정을 계속하여야 한다는 의미이다.

셋째로, 규칙 20-2c(vii)(a), (b), (c)의 기준점보다 홀에 더 가까이 굴러가서 정지한 경우에는 재드롭 사유가 된다. 그러나 후방선 드롭의 경우에는(24-2b(ii)(b), 25-1b(ii)(b), 26-1b, 28b) 처음 떨어진 지점에서 2 클럽 길이까지는 홀 쪽으로 더 가까이 굴러가도 재드롭 사유가 아니다. 드롭 구역에서 드롭한 경우에도 떨어진 지점에서 홀쪽으로 2 클럽 길이까지는 굴러가도 무방하다(부속 규칙 I 로컬 룰 6.드롭구역 주(g) 참조).

넷째로, 퍼팅 그린 위에 드롭하는 상황도 있을 수 있음을 유의해야 한다(⟨표 8-2⟩ 참조). 규칙 20-2c(iii)에 의해서 퍼팅 그린 위로 굴러 들어가서 정지한 경우에는 재드롭해야 한다. 그러나 퍼팅 그린 위에서 드롭한 볼이 퍼팅 그린 밖으로 굴러가서 정지하여도 재드롭 사유에 해당되지 않는다는 점을 유의해야 한다.

⟨표 8-2⟩ 퍼팅 그린 위에 드롭할 수 있는 4가지 상황

규칙	퍼팅 그린 위에 드롭할 수 있는 상황
24	움직일 수 없는 장해물 구제(벙커 안에 있는 볼)[32]
25	비정상적인 코스 상태로부터의 구제(벙커 안에 있는 볼)
26	래터럴 WH 구제(해저드 안에 있는 볼)
28(재정 28/11)	언플레이어블 볼(벙커 안에 있지 않은 볼)

[32] 벙커 안에 볼이 있을 때 움직일 수 없는 장해물이나 비정상적인 코스 상태로부터의 구제를 벙커 밖에서 받을 때 생기는 경우로 리비에라 골프장의 6번 홀 그린(도넛 홀)을 예로 들 수 있다. 물론 해저드를 벗어나서 밖에 드롭하는 경우에는 항상 벌타가 따른다("Groups of Rules to Remember," www.throughthegreen.org).

앞서 스트로크한 곳에서 다음 스트로크를 하는 경우

규칙 20-5에 의해서 앞서 스트로크한 곳에서 다음 스트로크를 하는
상황들은 모두 13가지가 있다(〈표 8-3〉 참조).

〈표 8-3〉 앞서 스트로크한 곳에서 다음 스트로크를 하는 경우

규칙	상황
5-3	스트로크의 결과로 볼이 여러 조각으로 쪼개진 경우
10-1c	매치 플레이에서 잘못된 순서로 플레이한 경우(상대방의 옵션)
17-2	퍼팅 그린에서 스트로크한 볼이 승인 없이 시중들고 있는 깃대/사람/휴대품을 맞힌 경우(스트로크 플레이)
19-1b	퍼팅 그린 위에서 스트로크 후 움직이고 있는 볼이 움직이고 있거나 살아있는 국외자에(벌레, 곤충 또는 이와 유사한 것 제외) 의하여 방향이 변경되거나 정지된 경우
19-3	매치 플레이에서 상대방, 캐디 또는 휴대품에 의해서 움직이고 있는 볼이 우연히 방향이 변경되거나 정지된 경우(상대방의 옵션)
19-5b	퍼팅 그린 위에서 스트로크 후 움직이고 있는 볼이 스트로크 후 움직이고 있는 다른 볼에 의하여 방향이 변경되거나 정지된 경우
26	워터 해저드 안에 들어간 볼(구제 옵션)
27-1a	스트로크와 거리에 의한 처리
27-1b	아웃 오브 바운드 볼
27-1c	5분 이내에 발견되지 않은 볼
28a	언플레이어블 볼(구제 옵션)
29-3	잘못된 순서로 스트로크한 경우(스리섬/포섬)
30-2b	볼이 우연히 상대방에 의하여 방향이 변경되거나 정지된 경우(옵션)

II. 구제 상황에서 선택 사항의 변경은 가능한가?

골프 규칙에서는 플레이어의 의도가 무엇인지? 플레이어가 규칙 위반을 알고 있었는지? 또는 플레이어가 마음을 변경(예: 구제 상황에서 선택 사항의 변경)하는 것이 가능한지? 등에 대하여 평가를 하여 규칙 위반 여부를 판정하는 경우가 있다.

마음을 변경(changing mind)한다는 언급은 재정 9-2/13에 나와 있다. 플레이어가 워터 해저드 규칙에 따라서 처리하겠다고 상대방에게 말하고 나서 상대방이 플레이한 후에 마음을 변경하여 구제를 받지 않고 해저드 안에 있는 볼을 그대로 플레이하여 밖으로 쳐냈다면 오보를 제공한 것일까? 이 경우에는 계획한 바를 얘기하였다고 오보를 제공한 것이 아니며, 마음을 변경하여도 아무런 제약도 없고 따라서 규칙 위반 사항도 아니라고 재정하고 있다.

재정 9-2/13의 경우에는 인 플레이 볼의 상태에는 어떠한 변경도 없었다는 점을 주목해야 한다. 마음을 변경하였으나 볼이 놓여 있는 그 상태 그대로 스트로크한 것이어서 플레이 방법상 전략의 변경일 뿐이었다.

마음을 변경하여 적용 규칙을 변경한 경우

움직일 수 없는 장해물이나 비정상적인 코스 상태에서 구제를 받기로 하고 볼을 집어 올렸으나 드롭할 수 있는 가장 가까운 구제 지점은 거의 확실히 언플레이어블이 될 수 있는 곳이어서 마음을 변경하여

원위치에 리플레이스하고 플레이하였다. 이 경우에 어떻게 재정하여야 할까?(재정 18-2/12)

인 플레이 볼을 집어 올린 규칙은 규칙 24-2b 또는 규칙 25-1b에 근거한 것이었으나 그 볼을 다시 인 플레이로 할 때는 다른 규칙인 18조 2항에 따른 것이어서 1 벌타가 부과된다. 즉 벌타 없이 인 플레이 볼을 집어올릴 수 있는 권리가 무효되었고, 벌타가 부여되는 다른 규칙에 의하여 그 볼이 인 플레이 볼로 리플레이스되었기 때문에 마음을 변경한 것에 대하여 일종의 대가를 지불한 것이다.

플레이어가 언플레이어블로 간주하고 볼을 집어 올렸는데 그 볼이 수리지 안에 있었다는 것을 알게 되었다. 마음을 변경하여 수리지 구제를 받을 수 있을까?(재정 28/13) 집어 올린 볼을 규칙 28조에 의하여 인 플레이하였다면 1 벌타가 부과되겠으나, 그 전이라면 마음을 변경하여 규칙 25조에 의하여 벌 없이 구제받을 수 있다. 본래 벌 없이 구제가 가능한 볼이었기 때문이다. 수리지에서 언플레이어블 볼의 구제를 받겠다는 생각 자체가 논리적이지 않은 것이다. 마음을 바꾸어 적용 규칙을 규칙 28조에서 규칙 25-1로 변경이 가능한 경우이기 때문에 벌타가 없는 것이다.

카드 도로에서 구제받으려고 볼을 집어 올렸으나 언플레이어블 볼 처리하기로 마음을 변경하였을 때의 4가지 선택 사항을 살펴보자(재정 18-2/12.5). 첫째, 원위치에 리플레이스하고 언플레이어블 볼로 처리하는 경우는 적용하는 규칙이 규칙 24-2b(무벌타)에서 규칙 18-2(1 벌타) + 규칙 28a/b/c(1 벌타)의 경우가 되어 2 벌타가 부과된다.

둘째, 리플레이스없이 원위치를 기점으로 하여 언플레이어블 볼 처리하는 경우는 적용 규칙이 규칙 24-2b(무벌타)에서 규칙 18-2(1 벌타) + 규칙 28b 또는 28c(1 벌타)로 변경되어 2 벌타가 부과된다.

셋째, 도로 구제를 받은 후 새로운 위치에서 언플레이어블 볼로 처리하면 적용 규칙이 24-2b(무벌타) + 28a/b/c(1 벌타)가 되어 1 벌타가 부과된다.

마지막으로, 규칙 28a에 의한 처리방법으로 규칙 18-2의 적용없이 1 벌타가 부과된다.

지금까지 살펴본 바와 같이 마음을 변경하여 적용 규칙을 변경한 경우에는 규칙을 갈아탈 때 해당 규칙에 규정되어 있는 벌타를 부과받게 된다는 점을 유의하고 있어야 한다.

선택 사항의 변경과 볼을 인 플레이로 한 시점과의 관계

구제받는 규칙에 따라서 선택 사항도 다르다. 예를 들어, 언플레이어블 볼 처리를 할 경우에 28a, 28b 또는 28c 등 세 가지 선택 사항 중 하나를 선택할 수 있다. 선택 사항의 변경은 언제 가능할까?

벙커 안에 있는 움직일 수 없는 장해물 구제를 규칙 24-2b(ii)a로 처리하고자 볼을 집어 올렸으나 드롭할 곳에서는 어려운 샷이 예상될 때 24-2b(ii)b의 선택 사항으로 변경할 수 있는가? 24-2b(ii)a 구제 방법으로 인 플레이 볼을 집어 올렸으나 그 볼을 드롭하지 않았기 때문에 동일 규칙에 의한 선택 사항인 24-2b(ii)b로 변경하여 1 벌타를 받고 벙커 밖에 드롭이 가능하다(재정 24-2b/5).

달리 말하면 인 플레이 볼을 어떤 규칙에 의하여 구제받고자 집어 올렸다면 그 볼을 인 플레이로 하기 전까지는 동일한 규칙에서 허용하고 있는 다른 선택 사항으로 변경이 가능한 것이다. 그러나 한 가지 선택 사항으로 볼을 드롭하여 인 플레이한 후에는 다른 선택 사항으로 변경할 수는 없다.

위와는 대조적인 경우를 살펴보자. 캐주얼 워터로 완전히 침수된 벙커 안에서 규칙 25-1b(ii)a에 의하여 최대한의 구제 지점에 볼을 드롭하였으나 다시 규칙 25-1b(ii)b에 의한 선택 사항으로 처리할 수 있을까? 볼을 드롭한 순간에 그 볼은 인 플레이 볼이 된 것이고 따라서 규칙 25-1b(ii)에 의한 구제는 종료된 것이다(재정 25-1b/9). 이 상황에서는 다시 구제받으려면 다른 규칙(예를 들면 규칙 28조)에 의하여 처리해야 한다.

위의 두 재정에서 살펴본 바와 같이 구제 상황에서 선택 사항의 변경은 집어 올린 볼을 인 플레이로 하기 전까지는 동일 규칙에 의한 다른 선택 사항으로 변경이 가능하지만, 그 볼을 인 플레이로 하였다면 구제 절차는 종료된 것이다.

재드롭 상황에서 선택 사항의 변경은 가능한가?

플레이어가 규칙 28c의 구제 방법으로 볼을 드롭하였으나 그 볼이 플레이어의 발에 맞았다. 규칙 20-2a에 의한 재드롭 상황인데 다른 구제 방법으로 선택 사항(예: 28b)을 변경할 수 있을까? 재드롭 상황에서는 구제 방법에 따른 선택 사항을 변경할 수 없다(재정 20-2a/6).

플레이어가 28c의 구제 방법으로 2 클럽 이내에 볼을 드롭하였으나 최초의 위치보다 홀에 더 가까이 가서 정지하여 재드롭 상황(규칙 20-2c)인데, 다른 구제 방법(28a나 28b)으로 선택 사항을 변경할 수 있을까? 재정 20-2a/6의 경우와 마찬가지로 선택 사항을 변경할 수 없다(재정 20-2c/5).

위의 재정들에서 살펴본 바와 같이 재드롭 상황에서는 선택 사항을 변경할 수 없다. 처음 드롭할 때 선택한 구제 방법으로 재드롭할 볼을 처리해야 한다. 워터 해저드 안에 있는 볼의 구제 상황에서도 똑같다. 규칙 26-1a에 의해 처리할 때 재드롭 사유에 해당될지라도 26-1b 또는 26-1c의 선택 사항으로 변경할 수는 없으며 따라서 최초로 선택한 26-1a에 의해 볼을 인 플레이로 해야 한다.

규칙 20-6이 적용될 때 선택 사항의 변경은 가능한가?

규칙 20-6은 소위 지우개 규칙(eraser rule)이라 별칭되고 있다; 볼을 잘못 교체하거나, 오소 또는 규칙에 따르지 않고 볼을 드롭했거나 플레이스했어도 그 볼을 플레이하지 않았을 때에는 벌 없이 그 볼을 집어 올려서 올바르게 처리할 수가 있다.

플레이어가 규칙 28c의 구제 방법으로 볼을 오소에 드롭하였다. 이 경우에 규칙 20-6에 의하여 그 볼을 집어 올린 후에 28b로 선택 사항을 변경할 수 있을까? 오소에 볼을 드롭한 잘못을 규칙 20-6에 의하여 시정할 때에는 최초에 적용했던 규칙 28조에 따라서 처리할 수 있으며, 따라서 규칙 28a, 28b 또는 28c의 선택 사항 중 하나를 선택할 수가 있다(재정 20-6/2).

위와 동일한 상황에서 볼을 오소에(예: 3 클럽 길이에) 드롭하였다. 규칙 20-6에 의해 볼을 집어 올렸으나 2 클럽 길이 이내에 드롭할 경우 언플레이어블이 될 상황이다. 이러한 경우에 규칙 18-2에 의하여 1

벌타를 받고 원위치에 그 볼을 리플레이스할 수 있을까? 오소에 볼을 드롭한 잘못을 규칙 20-6에 의해 시정할 때 계속해서 그 규칙에 의해서 볼을 인 플레이로 해야 한다(재정 20-6/5). 따라서 규칙 28에 의한 선택 사항을 변경할 수는 있으나 다른 규칙에 의하여 처리하거나 원위치로 볼을 리플레이스할 수는 없다.

워터 해저드(래터럴 WH 포함) 안에 있거나 사실상 확실성이 있는 경우에 최선을 다하여 기점을 확정하고 볼을 드롭하였는데 그 지점이 오소인 경우에는 어떻게 해야 할까? 규칙 20-6에 의해서 오소에 볼을 드롭한 잘못을 시정할 수 있다. 올바른 기점을 선정하고 규칙 26-1a, 26-1b 또는 26-1c 중 선택 사항을 선택하여 처리하여야 하고, 원구는 플레이할 수 없다(재정 26-1/16).

위의 3가지 재정에서 살펴본 바와 같이 규칙 20-6에 의하여 잘못을 시정할 때 해당 규칙의 선택 사항 간에는 변경이 가능하다. 그러나 해당 규칙의 적용을 철회할 수는 없다. 그러므로 다른 규칙을 적용하거나 규칙 18-2를 적용하여 1 벌타를 받고 원위치로 돌아갈 수는 없다.

III. 볼을 닦을 수 없는 5가지 상황

퍼팅 그린 위에 있는 볼은 규칙 16-1b에 의하여 집어 올렸을 때에는 예외 없이 닦을 수 있다. 다른 곳에서는 규칙 5-3,

규칙 12-2와 규칙 22에 의해서 볼을 집어 올렸을 경우를 제외하고는 닦을 수 있다(규칙 21조).

규칙의 적용을 판단하기 위하여 볼을 집어 올린 경우에도 볼을 닦을 수는 있으나 몇 가지 단계를 거쳐야 한다(재정 20-1/0.7). 먼저 볼을 집어 올리기 위해서는 형평의 이념이(규칙 1-4) 적용되어야 하고, 3가지 절차(동반 경기자 등에게 의사 통보, 볼 위치 마크하고 볼 닦지 않고 감시 기회를 주고 리플레이스해야 됨)를 따라야 한다. 구멍 파는 동물이 만든 구멍 속에 볼이 놓여 있는가에 대한 판단이나 지면에 박혀 있는가의 여부를 판단하고자 볼을 집어 올렸을 때 이러한 경우를 볼 수 있다(〈표 8-4〉 참조).

볼이 구제를 받을 수 있다고 판정되는 경우에는 그 볼을 닦을 수 있게 된다. 플레이어가 구제를 받을 수 있는 위치에 있는데 그 처리 절차를 따르지 않았을 경우에도 해당되는 규칙(규칙 25-1 또는 25-2)에

〈표 8-4〉 볼을 닦을 수 없는 경우

규칙	볼을 닦을 수 없는 경우
5-3	플레이에 부적합 여부를 검사하기 위하여 볼을 집어 올린 경우
12-2	볼을 확인하기 위하여 집어 올린 경우
22	플레이에 원조 또는 방해가 되어 볼을 집어 올린 경우
25-1 (재정 20-1/0.7)	구멍 파는 동물이 만든 구멍 속에 있는가의 여부를 판단하기 위하여 볼을 집어 올린 경우
25-2 (재정 20-1/0.7)	지면에 박혀 있는가의 여부를 판단하기 위하여 볼을 집어 올린 경우

의하여 구제를 받는다면 벌이 없다는 점은 유념해야 한다.

IV. 벌 없는 구제 상황

코스는 있는 그대로의 상태로 플레이해야 한다. 자연 상태 그대로의 코스를 가장 바람직하다고 여긴다. 자연적인 것을 지향하는 반면에 인공적인 색채를 지양하고자 한다. 인공적인 것을 불공평한 대상(Things unfair)으로 취급한다.

불공평한 대상에는 루스 임페디먼트도 포함된다. 예를 들면, 낙엽도 제거 대상인 것이다. 카트 도로는 인위적으로 만든 대표적인 장해물이다. 코스에 비바람이 몰아쳐서 물웅덩이가 생기게 되면 정상적인 코스는 아니다. 이렇듯이 자연스럽지 않은 대상들은 골프 규칙에서 규칙 23조(루스 임페디먼트), 규칙 24조(장해물)와 규칙 25조(비정상적인 코스 상태)에서 다루고 있다.

세 규칙 모두 벌 없는 구제 절차를 규정하고 있다. 루스 임페디먼트나 움직일 수 있는 장해물은 제거해서 구제를 받게 된다. 움직일 수 없는 장해물이나 비정상적인 코스 상태로부터는 볼을 집어 올려서 구제를 받는다. 이러한 벌 없는 구제 상황은 볼이 코스 위에 놓여 있는 상태에서(규칙 24-3과 규칙 25-1c는 예외) 발생한다. 벌 없는 구제 상황에서는 볼을 즉시 회수할 수 없는 경우를 제외하고 볼은 교체할 수 없다.

벌 없이 구제받는다고 하여 세 규칙들에 벌타 조항이 없는 것은 아니다. 세 규칙에 대해서 위반했을 경우에 일반의 벌(그 홀의 패/2 벌타)을 받게 된다. 규칙 23조를 예로 들자면 루스 임페디먼트를 제거 하다가 그 볼을 움직이게 한 경우는 규칙 18-2에 의해 1 벌타, 볼이 움직이고 있는 경우 그 볼의 움직임에 영향을 미칠지도 모르는 루스 임페디먼트를 제거하면 일반의 벌, 볼과 루스 임페디먼트가 같은 해저 드 안에 있거나 접촉해 있을 때 제거하면 규칙 13-4c 위반으로 2 벌타를 받게 된다.

루스 임페디먼트-장해물-비정상적인 코스 상태 사이의 변형

루스 임페디먼트가 장해물로 변형될 수 있다. 예를 들면 잘려진 나뭇가지(루스 임페디먼트)를 제조 과정을 통해 벤치(장해물)로 만들기 도 하고 숯으로 된 연탄(장해물)으로 제조하면 적용 규칙이 바뀌게 된다(재정 23/1). 잘려진 나뭇가지를 다른 곳으로 옮기기 위하여 쌓아 놓으면 용어의 정의상 수리지가 되면 규칙 25-1의 적용 대상이 된다.

눈과 천연 얼음은 플레이어의 선택에 따라서 캐주얼 워터 또는 루스 임페디먼트로 취급할 수 있다. 규칙의 취급 대상으로 2개의 지위(dual status)를 갖게 된다. 루스 임페디먼트로 취급하면 제거 대상이 되지만 캐주얼 워터라면 볼을 옮겨서 구제를 받아야 한다. 적용 규칙이 규칙 23-1에서 규칙 25-1로 바뀌게 되는 것이다.

장해물이 코스와 분리될 수 없는 부분(integral part of the course) 으로 변형될 수 있다. 로컬 룰에 의해서 이렇게 규정되면 더 이상 장해물이 아닌 것이 되어 자연적인 것이 된다. 예를 들면 세인트 앤드루스의 올드 코스 17번 홀의 카트 도로는 코스와 분리될 수 없는 부분으로 선언되어 있기 때문에 구제받을 수 없다. 이런 연유로 Road Hole이라는 유명한 별칭을 갖고 있다. 벙커의 경계벽이나 워터 해저드 경계의 시멘트 기둥 등을 코스와 분리될 수 없는 부분으로 선언하여 구제 대상에서 제외하는 경우가 많다.

완전한 구제와 최대한의 구제

구제와 방해는 서로 대응하는 개념이다. 구제는 방해로부터 벗어나는 개념이다. 예를 들어 비정상적인 코스 상태의 방해는 4가지 경우가 있다. i) 볼이 비정상적인 코스 상태 안에 있거나 접촉하고 있는 경우, ii) 비정상적인 코스 상태가 플레이어의 스탠스를 방해하는 경우, iii) 비정상적인 코스 상태가 플레이어의 의도하는 스윙 구역을 방해하는 경우, iv) 퍼팅 그린 위에 볼이 있을 때 비정상적인 코스 상태가 퍼트 선상에 걸리는 경우 등 4가지 방해(규칙 25-1a)가 있다.

구제는 어떠한 방해도 없는 상태여야 한다. 하나의 방해 때문에 구제를 받아야 할 경우에도 다른 방해에 걸리면 안 된다. 이것이 바로 완전한 구제(complete relief)이다. 카트 도로 위에 볼이 있어서 카트 도로로부터 구제를 받았는데, 스트로크할 때 스탠스가 카트 도로에 걸리는 상태였다면 완전한 구제를 받지 않은 것이다. 규칙 20-2c의 위반으로 2 벌타이다(재정 20-2c/0.5 참조).

최대한의 구제(maximum available relief)라는 용어는 규칙 25-1b (ii)(a)와 규칙 25-1b(iii)에 등장하고 있다. 완전한 구제가 불가능한 경우에는 그 상태에서 최대한의 구제를 받을 수 있고, 홀에 더 가깝지 않으며, 볼과 되도록 가까운 지점에 드롭하거나(벙커 안) 플레이스(퍼팅 그린, 밖일지라도 그 지점에 플레이스)하여 구제를 받을 수 있다.

완전한 구제는 일정한 드롭 구역이 존재하지만 최대한의 구제에서는 그 지점(spot)이 있을 뿐이다. 이 지점이 최대한의 구제를 받을 수 있는 곳이기 때문에 재드롭 여부에 대해서는 규칙 1-4(형평의 이념)가 적용된다는 점을 유의해야 한다(재정 25-1b/6 참조).

V. 벌 있는 구제 상황

벌 있는 구제 상황은 규칙 26조(워터 해저드), 규칙 27조(분실구 또는 OB)와 규칙 28조(언플레이어블 볼) 등 세 규칙에서 규정하고 있다. 1 벌타를 받고 구제받을 수 있는 구제 상황이라는 공통점이 있다.

세 규칙 모두 스트로크와 거리의 벌타 규정을 갖고 있다. 규칙 26조는 26-1a, 규칙 27조는 27-1a, 27-1b와 27-1c, 규칙 28조는 28a에 의해서 원구를 최후로 플레이한 지점에 되도록 가까운 지점에서 볼을 플레이하고 1 벌타를 부과받는다. 세 규칙에서 규정하고 있는 벌 있는 구제 상황에서는 볼을 교체할 수 있다.

워터 해저드에서의 구제와 회귀(regression)

골프 경기는 규칙에 따라서 1개의 볼을 클럽으로 티잉 그라운드에서 플레이하여 1 스트로트 또는 연속적인 스트로크로 홀에 넣는 것으로 이루어진다(규칙 1조 1항). 다시 말하여 골프 경기는 티샷하고 앞으로 전진하여 홀 아웃하는 게임을 정해진 홀의 순서에 따라서 18번 하면 끝난다.

티잉 그라운드에서 홀로의 진격 과정에서 뒤로 후퇴할 수 있는 경우란 "원구를 최후로 플레이했던 지점에서 볼을 스트로크하는 경우"로(규칙 27조 1a) 스트로크와 거리의 벌을 받고 처리하는 경우뿐이다. 플레이가 시작되면 어느 때든지 벌타를 받고 전에 친 곳으로 후퇴할 수가 있다.

예를 들어 보자. 티샷한 볼이 벙커에 빠졌다. 볼이 모래 속에 깊숙이 박혀 있어 도저히 플레이할 수 없는 상황이므로 언플레이어블 볼로 간주하였다. 규칙 28a, 28b 또는 28c의 세 가지 옵션 중에서 규칙 28a를(스트로크와 거리의 벌 적용) 선택하면 벙커 밖에 있는 티잉 그라운드로 되돌아갈 수 있다. 벙커 밖에서 스트로크할 수 있는 유일무이한 단 한 번의 기회이다.

규칙 28a 대신에 규칙 28b 또는 28c의 옵션을 선택하여 플레이하였으나 벙커를 탈출하지 못하였을 경우에 다시 한번 언플레이어블로 처리하고자 할 경우에는 어떨까? 언플레이어블 볼의 세 가지 옵션 중 규칙 28a를 선택할지라도 원구를 최후로 플레이한 지점은 벙커 안이기 때문에 벙커 안에 볼을 드롭하고 플레이해야만 한다. 벙커 밖에서의 구제 방법은 없어졌고 오로지 스트로크에 의해서 벙커를 벗어나야 한다. 나카지마나 듀발처럼 4타 만에 벙커(예: 올드 코스 17번 홀 그린 옆 항아리 벙커-나카지마 벙커라 별칭)를 탈출하는 경우가 생기게 된다.

워터 해저드라면 어떨까? 워터 해저드에서 친 볼이 더 깊숙한 같은 워터 해저드 속으로 빠졌다면 어찌해야 할까? 그 자리에서 칠 수도 없는 상황이고, 워터 해저드여서 언플레이어블로 간주할 수도 없으니 유일한 옵션은 스트로크와 거리의 벌을 받고(규칙 26-1a) 원구를 최후로 플레이하였던 워터 해저드 위의 그 지점에 볼을 드롭하고 쳐야 한다. 이렇게 드롭한 볼이 재드롭 사유에 해당되지 않으면서 플레이할 수 없는 지점으로 굴러갔을 경우에는 어찌해야 할까?

전진할 수도 없고, 후진할 수도 없는 플레이가 불가능한 상황이어서 경기를 더 이상 진행할 수가 없게 된다. 이러한 상황에서 경기 진행이 가능한 상태로 회귀(Regression)시켜야 하고, 그렇게 하려면 최후로 플레이한 지점 이전으로(예를 들자면 전/전에 친 곳) 되돌아갈 필요가 있다.

회귀(Regression)란 용어는 재정 28/5에서 처음으로 등장하고 있다. 재정 28/5의 제목이 언플레이어블 볼 규칙에서의 회귀(Regression under unplayable ball rule)이다. A지점에서 B지점으로 볼을 치고, B지점에서 C지점으로 볼을 쳤다. C지점에서 언플레이어블로 간주하면 A지점(전-전에 스트로크한 곳)으로 되돌아갈 수는 없고 B지점(전에 스트로크한 곳)에 볼을 드롭하고 플레이해야만 한다(규칙 28a 적용). B지점에서의 볼 드롭이 플레이 불가 상황이 확실하고 후방선 드롭도 (규칙 28b 적용) OB지역이어서 불가능하다면 규칙 28c를 여러 번 적용하는 방법 밖에 없다.

지금까지 살펴본 바와 같이, 골프 규칙에서는 플레이어가 최후로 스트로크한 지점을 넘어선 곳으로 회귀하는 것을 허용하지 않고 있다 (재정 28/6 참조; the Rules do not allow a player to regress beyond the spot from which his last stroke was played …).

그러나 규칙 26조 2항에서 규정하고 있는 바와 같이 특별한 상황에서는 회귀가 허용된다(재정 28/6 참조. Except in the special circum-

〈그림 8-1〉 워터 해저드 안에서 플레이한 볼이 같은 워터 해저드 안에 정지한 경우[33]

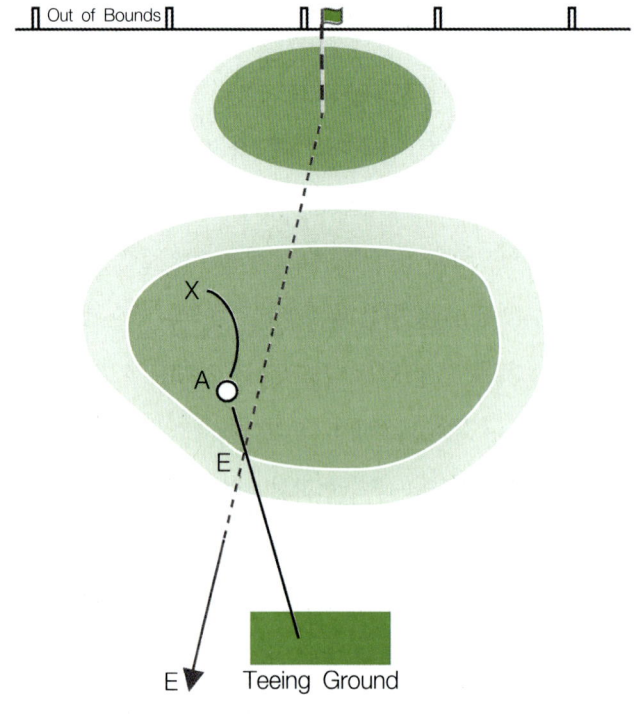

---

33 R&A, *2016 Decisions on the Rules of Golf*, p.428. 재정 26-2/1 참조.

stances covered by Rule 26-2). 바로 워터 해저드 안에서 친 볼이 같은 워터 해저드 또는 다른 워터 해저드 안에 정지한 경우(규칙 26-2a)이다. 또한 볼이 워터 해저드 밖에서 분실되거나 언플레이어블 볼인 경우 또는 아웃 오브 바운드가 된 경우(규칙 26-2b)에도 회귀가 허용된다. 먼저 워터 해저드 안에서 플레이한 볼이 같은 워터 해저드 안에 정지한 경우를(〈그림 8-1〉 참조) 살펴보자.

i) 전/전에 플레이한 지점으로 회귀하는 경우: 전형적인 회귀에 의한 구제의 경우이다. 전에 플레이한 곳(워터 해저드 안의 A지점)을 넘어서 전/전에 플레이한 곳인 티잉 그라운드로 회귀하여 4타째를 플레이하게 된다. 워터 해저드 구제에 따른 전형적인 1 벌타를 부과받게 된다.

ii) 점선 E-E상의 한 지점에 볼을 드롭하고 플레이한다. 전에 플레이한 지점을(A지점) 넘어서서 다른 곳에서(전/전에 플레이한 지점은 아니고 E-E상의 한 지점) 플레이하도록 하는 회귀에 의한 구제 방법이다. 다시 말하여 전에 플레이한 지점을 넘어서 플레이 가능한 위치(a playable position)로 회귀하는 구제이다. 워터 해저드 구제와 같은 1 벌타이다.

iii) A지점에 볼을 드롭하였으나 그 볼이 플레이할 수 없다고 판단한 지점에 정지한 경우에도 회귀에 의한 구제가 가능하다. 이 경우에는 1+1 구제가 되는데 전/전에 플레이한 지점인 티잉 그라운드에서 5타째를 플레이하거나 전에 플레이한 지점을 넘어서 플레이 가능한 E-E상의 한 지점에 볼을 드롭하고 5타째를 플레이하게 된다.

워터 해저드 안에서 플레이한 볼이 OB가 된 경우에는(〈그림 8-2〉 참조) 규칙 27-1에 규정된 1 벌타를 받은 후, B지점에 볼을 드롭하고

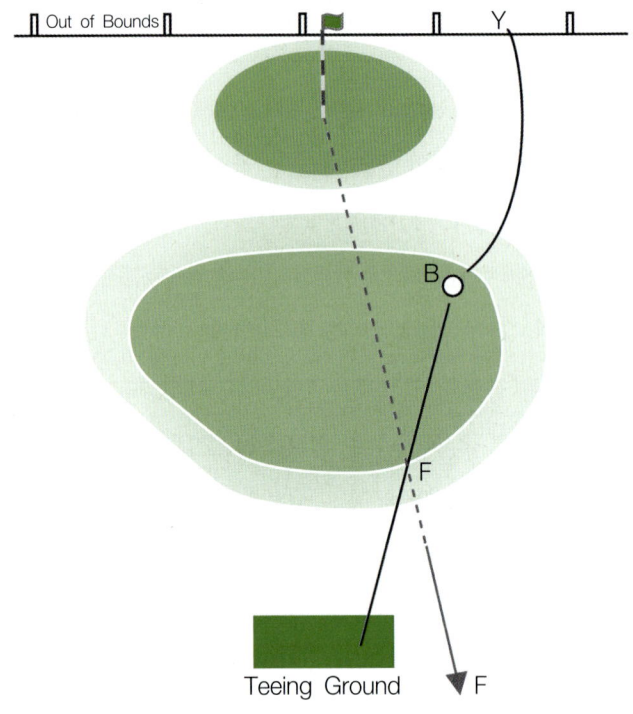

다시 플레이할 수 있다. 규칙 27-1a에 의하여 워터 해저드에 드롭하고,
그 드롭한 볼이 플레이가 불가능한 곳으로 굴러간 경우에는 워터 해저
드를 벗어나서 플레이 가능한 곳에서 플레이할 수 있는 회귀에 의한
구제를 받아야 한다. 따라서 1+1 구제를 받아야 된다. 즉 규칙 27-1a에
의한 1 벌타와 회귀에 따른 벌타(규칙 26-2)를 받아 티잉 그라운드에서
플레이하거나 F-F상의 한 지점에 볼을 드롭하고 플레이할 수 있다.

---

34 위의 책.

워터 해저드에서 친 볼이 워터 해저드를 탈출하였으나 언플레이어블 볼 처리를 하여 규칙 28a에 의해 다시 워터 해저드로 돌아오는 경우에도 OB가 된 경우처럼 동일하게 처리하면 된다. 이 경우에도 1+1 구제 상황인데 규칙 28a에 의한 1 벌타와 규칙 26-2에 의한 1 벌타를 받아 회귀에 의한 구제를 받을 수 있다.

지금까지 살펴본 바와 같이 회귀에 의한 구제는 i) 워터 해저드 구제의 한 방법이며, ii) 어떠한 경우에도 워터 해저드를 벗어날 수 있는 확실한 권리를 부여해 주는 방편이 되고, iii) 워터 해저드 밖에서 친 최후의 장소(전/전에 친 곳)로 돌아갈 수 있는 옵션이며, iv) 전/전에 친 장소가 아니어도 플레이 가능한 지역에서의 플레이를 담보해 주는 구제 방안이다.

9
사실에 관한 문제는
어떻게 해결하는가?

⑨

사실에 관한 문제는 어떻게 해결하는가?

골프는 진실(Truth)을 추구하는 게임이라기보다는 사실(Fact)을 추구하는 게임이다. 골프에서 진실이란 "어떤 상황이 발생했을 때 시간적으로나 공간적으로 그 상황이 발생해서 종료할 때까지 연이어 일어난 모든 사실들의 종합을 의미한다. … 사실은 시간적으로나 공간적으로 진실의 일부분만을 반영하고 있다."[35]

300야드를 날아간 티샷이 러프 속에 깊숙이 파묻혀 있다. 동원 가능한 모든 사람들이 5분 이내에 발견하지 못했다면, 러프 속에 파묻혀

---

35 최진하, "골프규칙재정에 적용된 형평성 조항의 사례분석"(용인대학교 석사학위 논문, 2014년 6월), pp.7-8.

있는 볼(진실)은 분실구(사실)가 된다. 진실을 밝히려고 하면 게임은 진행하기가 어려울 것이다. 진실 추구는 5분간만 허용되는 셈이다. 이러한 견지에서 골프는 사실에 입각하여 진행되는 게임이라고 할 수 있다.

국외자가 OB 지역에 있는 플레이어의 볼을 코스 안으로 던졌는데 플레이어와 캐디 모두 몰랐다. 결과적으로 인 바운드에 있는 그 볼을 플레이어가 스트로크하였다. 이러한 경우에 형평의 이념(규칙 1-4)에 따라서 아무 일도 없었던 것이 된다(재정 15/10). 진실은 묻히고 게임은 진행된다.

플레이어가 포대 그린(elevated green)을 향하여 스트로크를 하였는데 퍼팅 그린 위에 멈춰 있는 동반 경기자의 볼에 부딪혀 그 볼을 움직였는데 모두가 몰랐다. 여기서 진실은 시간적으로나 공간적으로 두 볼의 움직임, 부딪힘과 멈춤을 모두 아우르는 총체적 사실들의 집합이다. 두 볼이 퍼팅 그린 위에 멈춰 있는 마지막 모습은 사실에 속한다. 두 플레이어들이 볼이 부딪혔다는 사실을 몰랐다는 것도 일종의 사실이다. 이러한 두 가지 사실에 입각하여 부딪힌 일은 없었던 듯이 게임은 진행되는(재정 18-5/3) 것이다. 진실은 의미가 없어지는 것이다.

사실에 관한 의문(a question of fact)을 해결하는 일은 쉬운 문제일까? 진실을 밝히는 문제보다 상대적으로는 쉬운 문제일 것이다. 그렇다고 하여 결코 쉬운 문제는 아니다. 골프 경기에서 심판원이나 위원회가 봉착하는 가장 어려운 문제임에는 틀림없다(재정 34-3/9). 마지막 재정인 1,264번째 나오는 재정 34-3/9(사실에 관한 의문의 해결; 심판원과 위원회의 책임)에서 사실에 관한 의문을 어떻게 해결해야 하는지에 대한 지침을 제시하고 있다.

재정 34-3/9에서 예시하고 있듯이 사실에 관한 문제들은 플레이어 가 볼을 움직인 원인이 되었는가의 여부(재정 18-2/0.5), 플레이어가 티잉 그라운드 밖에서 플레이했는가의 여부(재정 34-3/4), 스트로크했 는가의 여부(재정 14/1.5), 어떤 홀에서 오구를 플레이했는가의 여부 (재정 15-1/3), 매치의 상태를 조정하는 문제(재정 34-3/5) 등 미묘한 문제들이 많다.

사실에 관한 의문을 해결함에 있어서 시간 부족과 증거(evidence) 부족이라는 현실적인 제약이 많다. 궁극적으로 증거의 비중(weight of evidence)을 어떻게 평가할 것이냐의 문제로 귀착될 수밖에 없다. 이러한 증거에는 세 종류가 있다.

첫째, 누군가의 목격에 의한 증거(witness evidence)이다. 관객의 증언을 통하여 분실구로 간주하지 않을 수도 있다(재정 27/12). TV 녹화 장면도 유용하게 쓰일 수 있다. 집에서 TV 시청하는 사람들의(소 위 couch ruler) 제보로 스코어 카드 오기 문제가 제기되기도 한다. "알고 있는 바(knowledge)"에 관한 내용은 신뢰할 만한 목격자들이 제공하는 증거이며(재정 26-1/1), 사실에 관한 의문을 해결하는 데 있 어서 중요한 단서가 되는 것들이다.

둘째로, 코스가 제공하는 증거이다. 규칙 26-1에서 말하는 "사실 상 확실성(virtual certainty)이란 쉽게 이용할 수 있는 모든 정보를 고려할 때 그 볼이 있을 가능성이 있는 곳은 워터 해저드 이외에는 아무 데도 없다는 결론에 도달하는 것이 당연하다는 것을 의미한다(재 정 26-1/1). 코스가 제공하는 시각적 증거(visual evidence)로서 지

형, 잔디의 상태, 풀의 높이, 시야의 정도, 기상상태 및 수목의 근접
정도, 수풀과 비정상적인 코스 상태 등을 예시할 수 있다.

이러한 증거들은 국외자가 움직였을지도 모르는 볼(규칙 18-1), 발
견되지 않은 볼이 장해물 안에(규칙 24-3) 또는 비정상적인 코스 상태
안에 있을지도 모르는 볼(규칙 25-1c)과 관련된 사실의 의문을 해결하

〈표 9-1〉 사실에 관한 의문이 플레이어에게 유리하게 해결되는 경우

재정	사실에 관한 의문이 플레이어에게 유리하게 해결되는 상황
14-6/1	볼이 물 속에 있고 플레이어의 행동이 볼을 움직인 원인이 되었는가의 여부가 명확하지 않은 경우→물의 흐름 때문이라고 해석하여 무벌
15-1/2	알 수 없는 장소에서 경기자들에 의하여 부주의로 볼이 서로 바뀐 경우 →홀과 홀 사이에서 볼이 바뀐 것으로 추정하여 무벌
15-1/3	오구를 플레이한 홀을 모르는 경우→다른 볼이 오구인가 아닌가를 확정할 때 의문스러울 경우에는 홀을 출발할 때 다른 볼을 인 플레이 볼로 한 경우로 유리하게 재정: 무벌
17/8	볼이 깃대와 함께 뽑아 놓은 홀 원통에 맞은 경우에 홀 원통이 움직이고 있었는가의 여부가 의문시되는 경우→홀 원통이 정지한 것으로 간주하여 볼은 있는 그대로 플레이
18-3b/5	OB 여부가 의문시되는 상황에서 상대편의 캐디가 그 볼을 집어 올린 경우→볼이 있었던 위치를 정할 수 없을 경우에 제기된 의문점은 플레이어에게 유리하도록 해석
19-1/4.1	스루 더 그린에서 관객이 고의로 볼의 방향을 변경시키거나 정지시킨 경우→정지할 지점을 추정할 때 의문되는 점은 유리하게 해석 (예: WH 안인지 러프인지 불분명할 때 해저드 앞 러프로 추정)
34-3/4	플레이어가 티잉 그라운드 밖에서 플레이하였는가의 여부에 관한 분쟁이 발생하였을 때, 입장이 상반되어 어느 쪽도 유리한 입장에 서지 못할 경우→의심되는 사항은 스트로크 당사자에게 유리하게 해석

는 데 단서로 활용된다.

셋째로, 관련된 플레이어들의 증언(testimony)을 들 수 있다. 이해 당사자들의 진술이기에 당연히 중요하게 다루어져야 하며, 이에 상응하는 평가를 내려야 한다. 사실에 관한 의문을 해결하는 데 결정적인 증언이나 사실이 없을 경우에는 상황에 따라서 플레이어에게 유리하게 또는 불리하게 사실에 관한 문제가 해결된다.

사실에 관한 의문이 플레이어에게 유리하게 또는 불리하게 해결되는 상황들을 재정 속에서 찾아내어 한눈에 살펴볼 수 있도록 정리하여 보자(〈표 9-1〉과 〈표 9-2〉 참조).

〈표 9-2〉 사실에 관한 의문이 플레이어에게 불리하게 해결되는 경우

재정	사실에 관한 의문이 플레이어에게 불리하게 해결되는 상황
5-3/8	플레이에 부적합한 볼이라는 플레이어의 주장에 이의제기가 있었을 때 볼을 교체할 수는 있으나 부적합하다고 간주된 볼의 상태를 그대로 보존해야 함 → 보존하지 않았다면 불리하게 재정됨
6-8b/7	즉시 플레이를 중단하지 않을 때 미심쩍은 사항 → 불리하게 해결되어 경기 실격
13-2/1.1	스탠스를 취하려고 한 결과로 나뭇가지가 움직였는데 원위치로 되돌아간 것인가의 여부에 관한 미심쩍은 사항
13-4/35.5	벙커 안에서 친 볼이 다시 굴러서 벙커 안으로 되돌아왔을 때 클럽을 지면에 접촉하고 있었는지 미심쩍은 사항
14/1.5	볼을 치려는 의도를 다운 스윙 도중에 바꾸어 클럽을 정지시키지는 못하였으나 궤도를 변경한 경우 스트로크한 것인가? → 플레이어의 의도에 대한 미심쩍은 사항은 불리하게 해결되어 스트로크한 것으로 간주됨
14-1/4	0.5인치의 백스윙을 하여 볼을 친 경우 → 볼을 밀어낸 것이 아니라는 설득력 있는 증거가 없는 한 규칙 14-1a 위반

16-1a/9	손바닥으로 퍼트 선상의 루스 임페디먼트를 쓸어낸 경우에 무엇을 눌렀는가의 여부에 관하여 미심쩍은 사항
16-1b/4	플레이어의 볼이 움직이고 있는 동안에 상대방/동반 경기자가 퍼팅 그린에서 볼을 집어 올린 행위가 볼의 움직임에 영향을 미칠지도 모른다는 합리적인 가능성이 있는가의 여부에 관하여 미심쩍은 사항
16-2/4	홀 가장자리에 걸쳐 있는 볼이 깃대를 제거할 때 움직인 경우에 미심쩍은 사항
19-5/4	플레이어가 퍼팅 그린에서 퍼트한 볼이 다른 플레이어의 볼에 가서 접촉하였는데 그 볼이 움직였는지 또는 플레이어의 볼이 더 멀리 굴러가는 것을 방해했는지에 관한 미심쩍은 사항
20-4/2	퍼팅 그린에서 플레이어가 볼을 집어 올리고 캐디가 그 볼을 볼 마커 뒤에 플레이스한 경우→캐디가 최초의 지점에 플레이스한 경우에는 상반된 유력한 증거가 없는 한 볼을 인 플레이로 할 의사를 가지고 있었다고 추정
21/3	캐디가 플레이어에게 볼을 던지는 행동을 통하여 그 볼을 닦았는가의 여부→볼이 닦아지는 결과가 될 수도 있기 때문에 어떤 미심쩍은 사항도 플레이어에게 불리하게 해결
25-2/0.5	볼이 지면에 박혔는가 아닌가의 여부에 관하여 어떤 미심쩍은 사항
26-1/9	캐디가 플레이어의 허락없이 워터 해저드 안에 있는 볼을 집어 올린 경우에 다음 스트로크를 워터 해저드 밖에서 할 것이라고 생각하는 것이 의심할 바 없거나 합리적인 경우는 규칙 18-2 위반은 없으나 어떤 의심쩍은 사항에 대해서는 불리하게 해결

10

임시 움직일 수 없는
장해물(TIO)에 대한 이해

10

임시 움직일 수 없는 장해물(TIO)에 대한 이해

I. 임시라서 특별한 대우를 받는 TIO

코스 위나 코스 위에 인접해서 임시 장해물 (Temporary Obstruction)이 설치될 경우 위원회는 그러한 장해물이 움직일 수 있는 장해물인가, 움직일 수 없는 장해물인가 혹은 임시 움직일 수 없는 장해물인가에 관하여 그 규칙상 취급을 정해 놓아야 한다(부록 I, Part A 로컬 룰 4b).

임시 장해물에 관하여 로컬 룰 규정이 없는 경우에는 규칙 24조의 적용 대상이 될 수밖에 없다. 즉 무리한 노력을 들이지 않고, 플레이를 부당하게 지연시키지 않으며, 손상을 입히지 않고 옮길 수 있는 장해물은 움직일 수 있는 장해물인 것이며, 그렇지 않은 경우는 움직일 수 없는 장해물로 취급되는 것이다.

위원회가 임시 장해물을 임시 움직일 수 없는 장해물(Temporary Immovable Obstructions; 이하에서 TIO)로 정한 경우 로컬 룰 4b의 적용을 받게 된다. 이 로컬 룰의 정의에 의하여 TIO는 "경기와 관련하여 수시로(often) 고정되거나(fixed) 쉽게 움직일 수 없도록(not readily movable) 세운 비영구적인(non-permanent) 인공 물체(artificial object)를 의미한다. 즉 TIO는 임시로 설치된 움직일 수 없는 장해물이다.

TIO는 "임시"라는 용어 때문에 특별한 대우를 받는 움직일 수 없는 장해물이다. 장해물(Obstructions)의 용어의 정의에 의하여 "아웃 오브 바운드에 있는 움직일 수 없는 인공 물체의 모든 부분"은 장해물이 아니다. 따라서 OB 지역에 위치한 움직일 수 없는 인공 물체에 의한 방해는 구제를 받을 수가 없다(재정 24-2b/21). 그러나 TIO는 OB 지역에 있을지라도 구제를 받을 수 있다. 방송 중계탑, 관람석이나 천막 등을 코스의 안과 밖에 설치할 경우에는 이러한 TIO의 특성을 유념해야 한다.

워터 해저드 안에 볼이 있을 경우에 움직일 수 없는 장해물로부터 구제를 받을 수 없다. 그러나 워터 해저드 안에 볼이 있을 경우에도 TIO로부터 구제를 받을 수가 있다. 물론 구제는 그 해저드 안에서 받아야 한다. 해저드 밖으로의 구제는 규칙 26조에 의하여 처리할 수도 있으며, TIO 로컬 룰에 의하여 처리할 때에는 1 벌타를 받고 볼과 홀을 연결하는 후방 선상에 드롭하는 것이 아니라 TIO 방해가 없는 가장 가까운 코스상의 지점을 정하여 1 클럽 길이 이내에 드롭하여 구제받는다.

드롭 구역이 설정되어 있을 경우에 볼의 위치보다도 홀에 더 가까운 드롭 구역 안에 볼을 드롭할 수 있다. 그랜드 스탠드가 설치되어 있는 경우(예를 들면, 메이저 대회의 18번 홀 퍼팅 그라운드 뒤쪽 주변) TIO 구제는 스탠드 앞에 설치되어 있는 드롭 구역 중에서 가까운 곳에 드롭하여 구제받게 되어 있다.

움직일 수 없는 장해물 구제를 받는 경우에 가장 가까운 구제 지점 (NPR)은 단 하나의 지점 밖에 없다. TIO 구제도 가까운 곳을 정하여 구제를 받게 되어 있으나 로컬 룰로 추가하여 TIO 양쪽 구제도 가능하도록 할 수 있다. 특히 방송 중계탑이 설치되어 있는 퍼팅 그린 주변에서 자주 목격할 수 있는 상황이다.

위에서 살펴보았듯이 TIO는 특별한 대우를 받고 있는 움직일 수 없는 장해물이기 때문에 코스 셋업과 마킹(marking)뿐만 아니라 TIO 로컬 룰 적용 시 발생할 수 있는 규칙 상황들을 면밀하게 검토한 뒤에 설치하여야 한다.

II. TIO 로컬 룰의 구조와 내용

TIO 로컬 룰은 부록 I Part A 로컬 룰 4. 장해물 중 b. TIO(App. I-A-4b)에 나와 있다. 이를 간략하게 도식화하면 〈표 10-1〉과 같다.

〈표 10-1〉 TIO 로컬 룰의 구조와 내용

항번호	제목	내용
1	정의	- TIO의 용어 정의 - TIO의 예시 - TIO를 지지하는 당김 밧줄에 대한 규칙상 취급
2	방해	- 4가지 방해(볼의 위치에 따른 분류) - 주: TIO 아래에 있는 볼(Drip Line 설명)
3	구제	- 구제 방법: 스루 더 그린/해저드 안 - 주 1, 주 2, 주 3 - 예외 1, 예외 2, 예외 3 　* 예외 때문에 구제가 불가능한 때 24-2b 구제는 　　해당되면 가능
4	TIO 안에 있는 볼이 발견되지 않은 경우	- 사실상 확실한 경우에 해당 - 볼이 TIO의 가장 바깥쪽 한계를 최후로 넘어간 지점에 놓여 있는 것으로 간주하고 TIO 구제 적용(규칙 24-3과 동일)
5	드롭 구역	- TIO 구제 시 드롭 구역 사용을 허용하거나 사용하도록 요구 가능 - 주: 드롭 구역이 홀에 더 가까운 상황이 되는 경우 로컬 룰로 사용금지 가능

III. TIO에 의한 방해(Interference)

1. 방해의 종류에 따른 분류

물리적 방해(physical interference)

TIO가 플레이어의 스탠스 또는 의도하는 스윙 구역을 물리적으로 방해하는 상황을 의미한다. 볼이 TIO 앞에(in front of the TIO) 놓여 있거나 가까이에 위치하는(so close to the TIO) 상황에서 발생하는 방해이다. 물리적 방해에 대한 구제는 움직일 수 없는 장해물 구제와 동일하게 가장 가까운 구제 지점을 정한 후에 그 지점으로부터 1 클럽 길이 이내에 드롭하여 구제받으면 된다.

그러나 논리적으로는 TIO 안에 있는 볼도 물리적 방해가 있는 것이라고 간주될 수 있다.[36] 플레이어의 스탠스나 의도하는 스윙 구역에 물리적 방해가 있기 때문이다.

개재(介在: intervention)에 의한 방해

일반적으로 "intervention"은 남의 일에 개입하거나 다른 나라 일에 간섭하는 경우에 사용되는 용어이다. 즉, 사이에 끼어들어 있는 상태나 행위를 의미한다. TIO의 개재에 의한 방해가 성립되려면 두 가지 조건

---

[36] USGA, "A Conversation about the Rules of Golf 2016-2017"(www.usga.org. usgauniversity), p.93.

을 모두 충족시켜야 한다. 첫째 조건은, 플레이어의 볼과 홀을 연결하는 직선상에 TIO의 일부라도 개재되어(intervene) 있어야 한다. 두 번째 조건은, TIO가 플레이 선상에 존재하고 있어야 한다.

첫 번째 조건은 단순하다. 볼과 홀을 연결하는 직선상에 TIO가 위치하고 있기만 하면 충족된다. 두 번째 조건은 TIO가 플레이 선상에 걸려 존재하고 있어야 하기 때문에 유의해야 한다. 플레이 선은 플레이어가 볼을 쳐서 보내고자 하는 방향이기 때문에 직선만은 아니다. 특히 방해가 있다고 할지라도 구제를 받을 수 없는 예외 1과 예외 3의 상황에서도 살펴볼 수 있듯이 플레이 선 조건을 적용할 때에는 주변상황도 고려해봐야 한다.

개재에 의한 방해는 볼이 TIO의 안, 위나 아래에 있는 경우에 발생한다. 이 방해가 있는 지점으로부터 등거리상 1 클럽 이내에 볼이 놓여 있는 경우에도 방해로 간주된다. 즉, 개재에 의한 방해는 1 클럽 길이까지는 확장되는 것이다. 개재에 의한 방해에 대한 구제는(소위 intervention 구제)는 1 클럽 길이 이상, 2 클럽 길이 이내에(more than one club-length, but less than two) 구제 구역을 정하고 그 구역 안에 드롭하여 구제받으면 된다.

위에서 살펴본 바와 같이 TIO에 의한 방해의 종류는 2가지이다. 2가지 방해는 볼의 위치에 따라 물리적 방해만 있는 경우, 물리적 방해와 개재에 의한 방해가 동시에 있는 경우 또는 개재에 의한 방해만 있는 경우 등으로 나타나게 된다.

2. 볼의 위치와 TIO에 의한 방해

| 등거리 선(the equidistant[37] arc)

홀에서 볼에 이르는 거리가 똑같은 지점들을 모두 연결한 원주를 말한다. 이 등거리 선이 TIO가 개재되어 있느냐의 여부를 측정할 때 기준선이 된다. 다른 방향으로의 측정은 금지된다. 볼이 TIO 앞에 놓여 있는가를 결정하는 기준선이기도 한다. TIO 구제를 받을 때 기점을 정하는 기준선이 된다. 다만 해저드 밖 구제와 최대한의 구제를 받을 경우에는 가장 가까운 구제 지점이나 기점을 정할 때 반드시 등거리 선상을 따라야 하는 것은 아니다.[38]

| 볼이 TIO의 앞에 있는 경우

볼은 TIO의 내부에 있거나 외부에 있다. TIO 내부에 있는 볼은 안, 위나 아래에 있게 된다. TIO 외부(outside)에 있는 볼은 TIO의 앞이나 옆, 뒤 쪽에 있는 볼이다. 볼의 위치에 따라서 방해의 종류가 달라지며, 이에 따라 TIO 로컬 룰에서의 취급이 달라진다.

TIO의 앞에 있는(in front of the TIO) 볼은 등거리 선상을 따라서 1 클럽 길이 이내에 TIO의 어느 부분도 볼 앞에(in front of the ball) 있지 않은 경우를 말한다. 즉, TIO의 어느 부분도 볼보다 홀에 더 가깝

---

37 등거리(equidistant)라는 말은 래터럴 워터 해저드에서 구제를 받을 때 "건너편의 한계(opposite margin)"를 설명할 때도 등장하고 있다(재정 26-1/14 참조).

38 R&A, "A Brief Guide to the Local Rule for Temporary Immovable Obstruc-tions"(www.randa.org), p.11.

지 않을 것이다. 이 경우에 방해는 물리적 방해이다. 즉, TIO가 플레이어의 스탠스나 의도하는 스윙 구역에 방해가 되는 경우이다. 규칙 24-2b가 적용되는 상황과 똑같은 경우이다.

TIO의 앞에 있는 볼은 아닌데 TIO의 앞쪽에 있는 볼의 경우는 등거리 선을 따라 1 클럽 길이 이내에 TIO가 걸려 있는 상황이다. 이 경우에는 TIO 앞에 볼이 있는 것이 아니라 볼 앞에 TIO가 있는 것이다. 따라서 방해도 물리적 방해와 개재에 의한 방해가 모두 있을 수 있다는 사실을 유념해야 한다.

볼이 TIO의 안(in), 위(on)나 아래(under)에 있는 경우

예외없이 개재에 의한 방해(intervention)가 있는 경우로 간주되며 따라서 예외없이 구제를 받을 수 있다. 볼이 아래에 있는 경우는 TIO의 가장자리(outermost edges)가 지면에 연결되어 있지 않더라도 가장자리 끝 쪽에 볼이 놓여 있는 경우에는 낙수선(drip line) 개념이 적용되어 볼 여부를 판정하게 된다. 이 경우에 물리적 방해 여부와는 아무런 상관없이 개재에 의한 방해 때문에 구제의 대상이 된다.

볼이 TIO의 뒤에 있는 경우

개재에 의한 방해가 있는 위치이다. TIO의 어느 일부분이 볼과 홀을 연결한 직선상에 걸리면서 동시에 플레이 선상에도 걸려야 TIO에 의한 방해(intervention)가 있는 상황이다.

플레이 선이라는 개념이 방향이어서 상황에 따라 유동적일 수밖에 없다는 점을 유의해야 한다. TIO로부터 구제가 불가한 예외도 적용되고 드롭 구역 사용이 불허될 수도 있다. 또한 양쪽 구제를 위해서는 별도의 로컬 룰이 필요한 상황이다.

볼이 1-club Corridor에 있는 경우

볼이 TIO의 내부(안, 위나 아래)에 있는 경우에는 예외 없이 개재에 의한 방해가 있다. 이러한 방해로부터 등거리 선을 따라 1 클럽 길이 이내에(이러한 구역을 1-club corridor라 별칭) 볼이 있는 경우에도 방해가 있는 것으로 간주된다.

볼이 TIO의 전면과 양 측면에 놓여 있는 경우에 이러한 방해가 야기된다. 물리적 방해는 있을 수도 있고, 없을 수도 있으나 개재에 의한 방해는 반드시 있는 것으로 간주된다. 볼이 소위 1-club corridor 에 있는 경우에 TIO로부터 구제를 받을 수 없는 예외가 적용될 수 있으며, 드롭 구역 사용이 불허될 수도 있다.

IV. TIO 구제의 절차

1. TIO의 앞 또는 옆에 있는 볼

볼B

TIO 앞에 있는(in front of the TIO) 볼의 전형적인 경우이다. 등거리 선을 따라서 1 클럽 길이 이내에 TIO의 어떤 부분도 볼보다 홀에 더 가깝지 않다. 이러한 경우에는 TIO가 플레이어의 스탠스나 의도하는 스윙 구역에 물리적 방해가 있는지만 살펴보면 된다. 구제 절차는 규칙 24-2b와 똑같이 가장 가까운 구제 지점을 정하고 그 지점으로부터 1 클럽 길이 이내에 드롭하면 된다.

〈그림 10-1〉 TIO의 앞 또는 옆에 있는 볼의 구제[39]

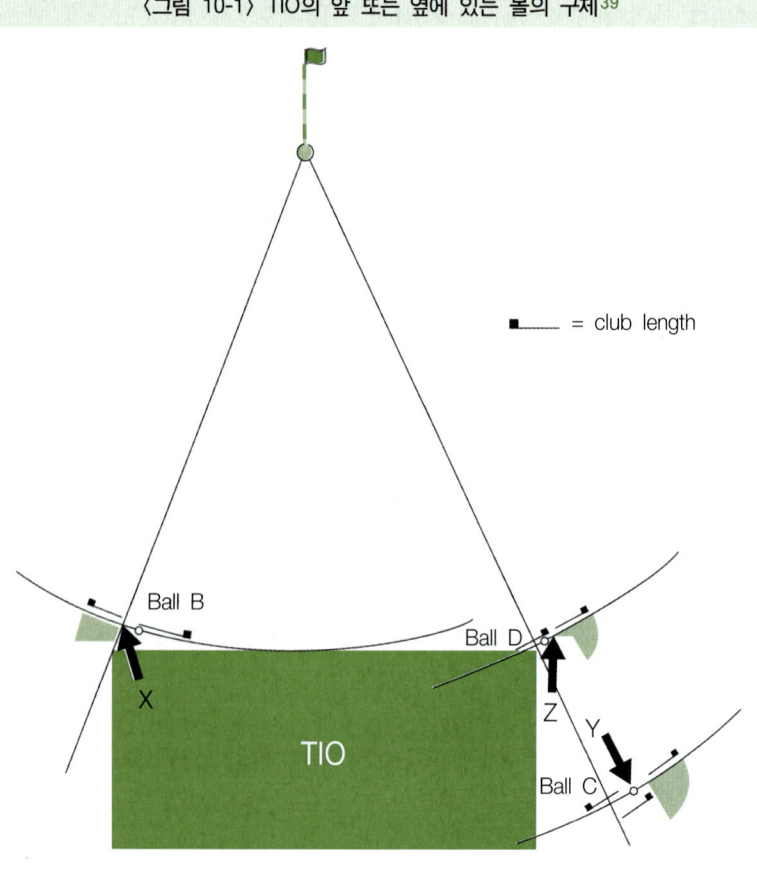

드롭 구역을 설정할 때 TIO에 의한 모든 방해로부터 구제를 받을 수 있도록 해야 한다는 점을 유의해야 한다. 볼 C의 드롭 구역이 완전한 모습이다. 볼 B의 드롭 구역이 사다리꼴로 모양이 변형된 이유도 모든 방해로부터 구제를 받기 위함이다.

또한 유의해야 할 점은 드롭한 볼이 TIO에 의한 방해가 있는 곳(예: 1-club corridor 구역)으로 굴러가서 정지하면 재드롭 사유가 된다는 사실이다. 일종의 숨겨진 지뢰밭 역할을 하게 된다.

볼 D

TIO 앞에 있는 볼은 아니다. 등거리 선을 따라서 1 클럽 길이 이내에 개재에 의한 방해가 있는 볼이다. TIO의 일부가 볼 앞에(in front of the ball) 걸리는 상황이다. 소위 intervention 구제를 받을 수 있다.

구제 절차는 등거리 선을 따라서 TIO로부터 1 클럽 길이의 지점을 정한 다음 그 지점으로부터 1 클럽 길이 이내에 드롭하면 된다. 설정된 드롭 구역이 부정형인 이유는 모든 TIO 방해를 피하기 위함이다. 이 경우에도 재드롭 사유에 유의해야 한다.

볼 C

소위 1-club corridor 안에 있는 볼이다. TIO 내부에 있는 볼은 개재에 의한 방해가 있다. 홀과 TIO 돌출부를 연결한 후방선 안쪽에 있는 볼도 TIO 뒤에 있는 볼과 같이 개재에 의한 방해가 있다. 따라서 이러한 방해에서 등거리 선을 따라서 1 클럽 길이 이내에 있는 볼도 동일한 방해가 있는 것으로 간주된다. intervention 구제를 받을 수 있다.

구제 절차는 등거리 선을 따라서 1-club corridor 한계선상에 구제 지점을 정한 다음에 그 지점으로부터 1 클럽 길이 이내에 드롭하여 구제받으면 된다.

2. TIO 안에 있는 볼

〈그림 10-2〉 TIO 안에 있는 볼의 구제[40]

■___ = club length

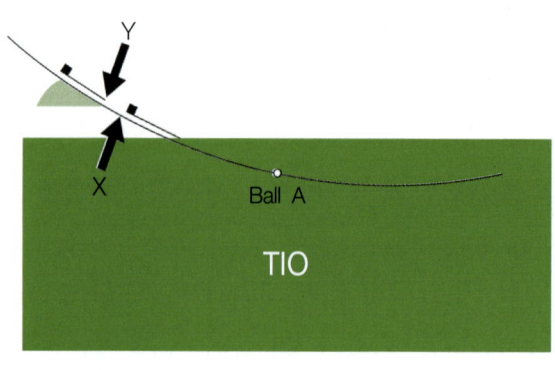

---

40 위의 글, p.7.

볼A

TIO 안에 있는 볼이다. 예외없이 intervention 구제를 받을 수 있다. 구제 절차는 개재에 의한 방해로부터 벗어나는 지점을 등거리 선을 따라서 TIO에서 1 클럽 길이 지점에 정한다(X지점). 이 지점에서 물리적 방해 여부를 조사하여 방해가 없는 지점(Y지점)을 정한 다음 이 지점에서 1 클럽 길이 이내에 드롭하여 구제 받으면 된다.

이 경우에도 모든 방해로부터 벗어나야 되며, 재드롭 사유에 유의하여야 한다. 물론 Y지점은 TIO 오른 쪽에 있을지도 모르는 구제 지점과 비교하여 볼 때 볼 A로부터 가까운 구제 지점이 된다.

3. TIO와 낙수 선(Drip Line)

볼A

중앙 기둥이 지붕을 받치고 있는 구조로 이루어진 TIO의 아래에 (under) 있는 볼이다. 네 모서리에서 낙수 선 개념을 적용하면 지면 위에 가상의 직사각형이 생기는데, 이 안에 있는 볼은 intervention 구제를 받게 된다. X지점은 등거리 선을 따라 1-club corridor의 끝 지점이며 모든 방해로부터 구제되는 점이다. 이 지점으로부터 1 클럽 길이 이내에 볼을 드롭해야 한다.

볼B

TIO 뒤(behind)에 있는 볼이다. 볼A의 구제 절차와 똑같다. 좌우

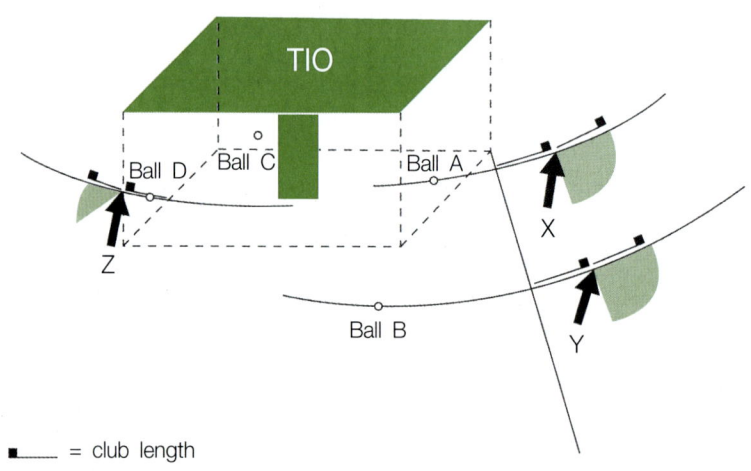

■___ = club length

중 가까운 쪽에서 구제받아야 된다. 가까운 곳이 나무, 숲 등 언플레이
어블 상황이라면 반대편 구제를 허용할 수 있는데 로컬 룰도 명시해야
만 가능하다.

---

41 위의 글, p.9.

볼 C

TIO 앞에 있는 볼이다. 물리적 방해도 없고 개재에 의한 방해도 없다. 플레이어의 스탠스가 지면 위 가상의 직사각형 안에 자리 잡게 될지라도 구제는 받을 수 없다. 실제 구조물로 인한 물리적 방해가 없기 때문이다. 가상의 선이 아니라 실제 실선으로 연결되어 있다면(예: TIO를 지지하는 당김 밧줄을 실선으로 연결하거나 TIO와 TIO를 실선으로 연결) 플레이어의 스탠스가 실선 안에 위치하게 되어 구제받을 수 있다. 다만 의도하는 스윙 구역이 실선 안을 통과하는 경우는 방해가 없는 것이고 따라서 구제도 받을 수 없다.

볼 D

소위 1-club corridor 안에 있는 볼이다. 가상의 직사각형으로부터 1 클럽 이내에 있는 볼이기 때문에, 〈그림 10-3〉에 표시되어 있는 바와 같이 구제를 받게 된다.

V. TIO와 로컬 룰

TIO 구제의 근거로서의 로컬 룰

TIO에 적용되는 규칙이 부속 규칙 I-A-4b라는 점을 로컬 룰로 명시해 주어야 TIO 구제가 가능하다. TIO 구제의 출발점이다.

TIO의 종류를 구체적으로 예시해 주는 것이 바람직하다. 임시 장해물이 움직일 수 있는 장해물(MO), 움직일 수 없는 장해물(IO) 또는 TIO인지를 규칙상 취급을 정해 놓아야 하기 때문이다. TIO가 많이 설치되어 있다면 선수들에게 배포하는 공지 사항(Notice to Players: NTP)으로 처리할 수도 있다.

TIO의 양쪽 구제를 허용하는 로컬 룰

TIO 구제는 가까운 쪽에서 받아야 한다. TIO 구제를 받을 수 있는 지역이 언플레이어블 볼 상황일지라도 그 지역에서 구제받아야만 한다. TIO의 반대편 구제는 로컬 룰로 명시해야만 가능하다.

특히 TV 중계 타워가 설치되어 있을 경우에는 양쪽 구제(Relief to Either side of TIO)를 로컬 룰로 명시할 지의 여부를 고려해야 한다. 디 오픈 대회는 볼이 TIO 앞에 있는 경우에도(규칙 24-2b 적용 상황일지라도) 좌우를 선택할 수 있다는 로컬 룰을 두고 있다.[42] 흥미로운 로컬 룰이다.

TIO 구제 시 드롭 구역 사용을 허용하는 로컬 룰

메이저 대회의 18번 홀 퍼팅 그린 주변에는 그랜드 스탠드 등 TIO가 설치되어 있다. 이러한 상황에서는 원활한 진행이나 신속하고 단순한 규칙 적용을 위하여 많게는 4~5개의 드롭 구역을 설정해 놓고 있다. TIO 구제 시 드롭 구역을 사용하려면 로컬 룰로 명시해 놓아야 한다.

---

42 위의 글, p.13.

드롭 구역 사용을 추가 선택 사항으로 허용할 수도 있고 요구할 수도 있다. 요구할(must) 경우에는 볼이 놓여 있는 곳에서 가장 가까운 드롭 구역에서 TIO 구제를 받으라고 명시해야 한다. 드롭 구역이 볼이 놓여 있는 곳보다 홀에 더 가까운 상황에서는 드롭 구역 사용을 금지할 수도 있다.

또한 드롭 구역을 사용할 수 있는 방해를 로컬 룰로 명시해야 한다. 예를 들면 TIO 앞에 있는 볼, TIO 안에 있는 볼 등은 드롭 구역 사용이 허용되고 있으나 TIO 뒤에 있는 볼은 미국 오픈과 미국 여자 오픈에서는 허용되지 않고 있다.[43]

여러 개의 TIO를 하나로 묶는 로컬 룰

위원회는 전봇대나 조명탑(IO)과 그랜드 스탠드(TIO)를 백색 선으로 연결하여 하나의 TIO로 간주할 수도 있고, TV 중계 타워(TIO)와 그랜드 스탠드(TIO)를 하나의 TIO로 연결할 수 있다. 물론 로컬 룰로 명시해야 한다.

하나의 TIO로 묶지 않으면 재정 1-4/8이 적용되어 많게는 3번의 구제 상황이(예를 들면 조명탑 구제 → TIO 구제 → 두 장해물로부터 동시 구제) 발생할 수 있다. 인공 포장된 카트 로와 수리지를 묶는 로컬 룰(재정 33-8/25)에서 살펴볼 수 있는 것처럼 시간도 절약하고 규칙 적용에의 문제점도 줄일 수가 있다.

백색 선으로 두 TIO를 하나로 연결한다고 할지라도 백색 선이 그려

---

43 USGA, "A conversation …," p.93.

져 있는 구역은 실제 TIO 구조물이 없다는 사실을 유의해야 한다. 물리적 방해는 스탠스가 백색 선 안쪽에 위치할 경우에만 발생한다. 스윙 구역이 백색 선 연결 구역을 통과한다고 하여도 방해는 아닌 것이다.

TIO를 지지하는 당김 밧줄과 로컬 룰

TIO를 지지하고 있는 당김 밧줄(supporting guy wires)은 아무런 언급이 없으면 TIO의 일부분으로 취급되어 TIO로 간주된다. 별도의 로컬 룰로 당김 밧줄을 고가 동력선이나 케이블로 선언하면 TIO 규칙 적용 대상에서 배제되어 부속 규칙 I-A-4c의 적용을 받게 된다.

당김 밧줄이 TIO로 취급되면 몇 가지가 달라질 수밖에 없다. 당김 밧줄은 지면에 고정되어 TIO를 지지하는 역할을 한다. 동시에 TIO의 구조물을 외연적으로 확장시키는 효과를 가져 온다. TIO의 가장 바깥쪽 한계(outermost limits)가 당김 밧줄을 지면에 고정시키는 점이 되고, 소위 1-club corridor는 홀과 이 고정점을 연결하는 후방 선상을 따라서 1 클럽 길이가 생기게 된다. 따라서 구제 지점이 실제 TIO로부터 더 멀어지게 된다(〈그림 10-4〉의 볼 C).

당김 밧줄 뒤에 있으면서 TIO 구조물의 옆에 놓여 있는 볼은 당김 밧줄로 인하여 TIO 뒤에 있는 볼(〈그림 10-4〉의 볼 B)이 되어 intervention 구제를 받게 된다.

앞쪽에 있는 당김 밧줄 고정점들을 백색 선으로 연결하면 TIO의 앞면(the front of the TIO)이 된다. 백색 선으로 연결하지 않고 가상의 선으로 그대로 두면 당김 밧줄 뒤 TIO 구조물 앞에 있는 볼은 물리적 방해가 있지 않는 한, TIO 구제 대상이 아니다. 그러나 백색 선으로

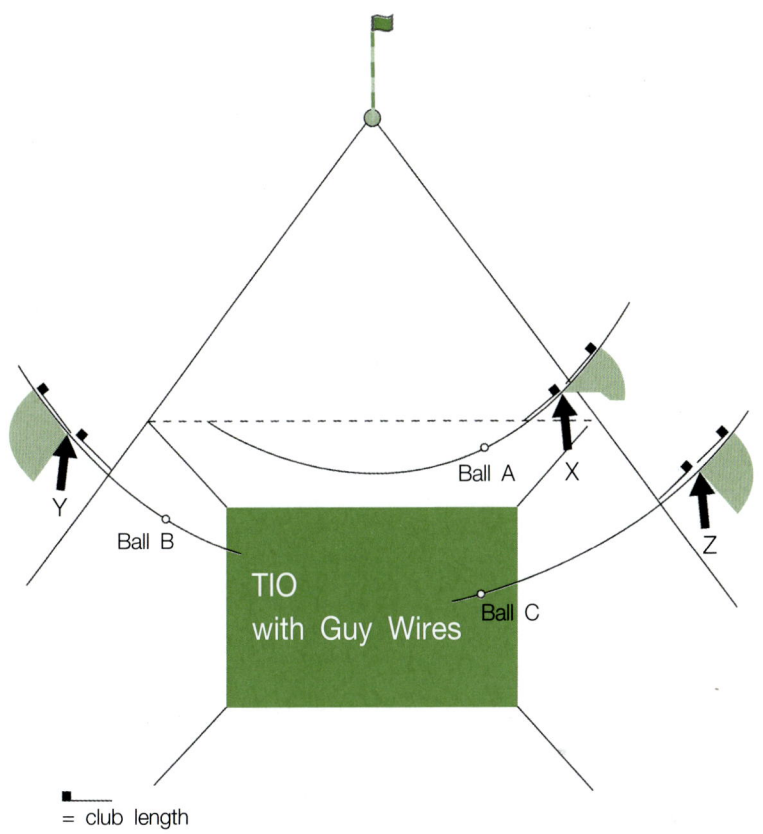

Ball A

X

Ball B

Y

TIO
with Guy Wires

Ball C

Z

■___
= club length

연결하면 그러한 볼이 TIO 안에 있는 볼이(〈그림 10-4〉의 볼 A) 되어 TIO 구제를 받게 된다.

---

44 R&A, "A Brief Guide to the Local Rule for Temporary Immovable Obstructions," 앞의 글, p.10.

11

재정집의 찾아보기(Index) 활용법

재정집의 찾아보기(Index) 활용법

I. 재정집의 구성

R&A와 USGA는 1984년 이래로 골프규칙재정
(이하 재정집)을 공동으로 발간하고 있다. 2016~2017 재정집의 분량은
740페이지가 넘는다. 이 중에서 찾아보기(Index)는 140페이지(머리말
1페이지, 목차 8페이지, 색인 131페이지)를 차지하고 있다. 19% 정도
의 비중이다. 분량이 많다고 하여 중요도가 높다는 의미는 아닐지라도
존재감은 상당하다고 얘기할 수 있을 것이다.

재정집은 플레이 규칙 34개 조에 따른 재정 1,264개가 수록되어

구분	내용
골프 규칙 1장 + 2장	에티켓과 용어의 정의
플레이 규칙 34조 + 재정	- 플레이 규칙 34조 - 조별 재정 1,264개 (기타 재정 2개 제외)
부속 규칙	- 부속 규칙 I, II, III, IV
찾아보기	- 표제어 287개 - 등재 재정수 5,730개

있다. 여기에는 기타 재정 2개(고무래 위치에 대한 재정, 코스 레코드에 대한 재정)는 제외되어 있다.

재정집에는 부속 규칙 I, II, III, IV도 포함되어 있다. 예를 들어 임시 움직일 수 없는 장해물(TIO)에 대한 로컬 룰은 부속 규칙 I-A-4b로 나타낼 수 있고 캐디에 대한 경기 조건은 부속 규칙 I-B-2로 표시할 수 있다.

140페이지의 찾아보기는 287개의 표제어(headings)로 이루어진 차례(contents)와 표제어에 동반 수록된 5,730개의 재정이 등재된 색인으로 이루어져 있다. 색인에 등재된 총 재정수가 5,730개로 재정집의 총 재정수 1,264개보다 4.5배 많은 이유는 재정이 표제어에 따라 중복 등재되어 있기 때문이다.

II. 찾아보기의 구성

찾아보기의 목차에는 287개의 표제어(head-ings)가 순서대로 수록되어 있다. 이 표제어는 "어드바이스"나 "형평의 이념(equity)"처럼 하나의 핵심 용어(a keyword)일 수도 있고, "볼에 영향을 미치는 행동/자연적 상태의 변경(Exerting influence on Ball/Altering physical conditions)"처럼 상대적으로 길 수도 있다. 단어 수와는 상관없이 규칙 상황이 핵심 용어를 중심으로 축약되어 있다는 공통점이 있다.

287개의 표제어에는 두 종류가 있다. 핵심 표제어와 참조 표제어이다. 핵심 표제어는 관련 재정을 등재하고 있는 표제어로 198개가 있다. "루스 임페디먼트", "장해물(obstructions)"과 "워터 해저드" 등이 핵심 표제어에 해당된다.

참조 표제어는 핵심 표제어로 연결지어 주는 표제어로 89개가 있다. 인공물(Artificial objects)이라는 표제어에는 관련된 재정이 수록되어 있지 않으며 핵심 표제어인 "장해물(Obstruction)"을 찾아보라고 연결해 주는 역할을 하고 있다. 예를 들자면 자연물(Natural objects) → "루스 임페디먼트," 바람(Wind) → "기상상태(Weather Conditions)," 해저드 → "벙커" 또는 "워터 해저드," 래터럴 워터 해저드 → "워터 해저드," 갤러리 → "관객(Spectator)" 등등이다.

바람에 의하여 움직인 볼을 리플레이스하고 플레이한 상황에서 적합한 재정을 어떻게 찾을 수 있을까? 찾아보기의 목차에서 바람(참조 표제어) → "기상상태(핵심 표제어)"에 등재된 30개의 재정 중 바람(중간 표제어) → 바람이 움직인 볼을 있는 그대로의 상태로 플레이하는 대신 리플레이스한 경우에 해당하는 재정 18-2/7을 찾을 수가 있다. 핵심 표제어인 "기상상태"에 등재된 30개의 재정들은 낙뢰(lighting), 비(rain), 바람(wind) 등을 기준으로 분류되어 있다. 이들을 중간 표제어(subheadings)라고 한다. 이처럼 참조 표제어는 핵심 표제어로 연결 지어줄 뿐만 아니라 핵심 표제어에 등재된 재정들을 분류해 주는 중간 표제어 역할도 하고 있다.

위와 똑같은 상황을 "정지된 볼이 움직인 경우(Ball at rest moved)"로 찾으려 한다면 이에 등재된 재정 152개 중 '바람에 의하여(by wind)' → 새로운 위치에서 플레이하는 대신 볼을 리플레이스한 경우에 해당하는 재정 18-2/7을 찾을 수 있다.[45] "정지된 볼이 움직인 경우"는 핵심 표제어라서 152개의 재정을 수록하고 있고, 참조 표제어인 바람은 '바람에 의하여'로 변형되어 중간 표제어 역할을 하고 있음을 알 수 있다.

찾아보기는 규칙 상황의 문제점을 해결할 수 있는 적합한 재정을 효율적으로 찾을 수 있도록 설계되어 있다. 첫 출발점이 287개의 표제어이다. 특히 198개의 핵심 표제어들은 친숙해질 필요가 있다.

핵심 표제어 198개는 각각 관련되는 재정들을 수록하고 있다. 모두 합산하면 5,730개에 이른다. 기타 재정 2개는 5회 등재되어 있다. 부속

---

45 플레이스 또는 리플레이스한 볼(Ball placed or replaced)에 수록된 71개 재정 중에서는 재정 18-2/7을 찾을 수가 없다. 바람에 의해 움직인 볼을 리플레이스하고 친 행위는 핵심 상황이 아니기 때문이다. 정지된 볼이 움직였다는 사실과 그 볼이 바람에 의해 움직였다는 점이 핵심 상황들이다.

규칙 I(로컬 룰과 경기 조건)과 관련된 규칙 번호(예를 들며 TIO는 부속 규칙 I-A-4b)들은 63회 등재되어 있다. 플레이 규칙 34개 조에 따른 등재 재정수(entries)는 5,662개에 이른다. 1,264개의 재정이 평균적으로 4.5회 정도 중복 등재되어 있는 것이다.

중복되어 등재된 이유는 적합한 재정을 찾아낼 수 있는 기회를 늘리기 위해서다. 하나의 재정은 여러 개의 표제어로 분류되어 있기 때문에 이러한 중복 등재는 불가피할 수밖에 없다.

중복 등재된 예를 찾아보자. 드롭 또는 재드롭한 볼(Ball Dropped or Redropped)에 등재된 117개의 재정 중 중간 표제어인 '구제의 선택 사항을 변경한 경우(Changing relief options)'에 7개의 재정이 수록되어 있다. 집어올린 볼(Ball lifted)의 105개 재정 중 똑같은 중간 표제어로 동일한 재정 7개가 중복 등재되어 있고, 캐주얼 워터의 경우에는 48개의 등재 재정 중에서 동일한 재정 6개가 중복 등재되어 있음을 발견할 수 있다. 이와 같은 방식으로 1,264개의 재정이 198개의 표제어를 기준으로 중복 등재되어 5,662개에 이르고 있다.

골프규칙재정은 골프 규칙만으로는 분명하게 해결되지 못하는 쟁점들에 대해서 근거를 제시하고자 발간된 것이다.[46] 재정수가 많다는 것은 보다 명확한 설명이 필요한 상황이 많다는 의미를 갖는다. 재정은 궁극적으로는 클레임과 분쟁을 해결하고자 존재하는 것이기 때문이다.

〈표 11-2〉를 살펴보면 클레임과 분쟁이 많이 발생하는 대상과 장

---

46 R&A, "A Guide to Decisions on the Rules of Golf," in *2016-2017 Decisions on the Rules of Golf*, p.iii.

순위	표제어	등재 재정수	순위	표제어	등재 재정수
1	위원회	188	7	형평의 이념	122
2	정지된 볼이 움직인 경우	152	8	클럽	120
3	물건의 규칙상 취급	138	9	벙커	119
4	장해물	127	10	드롭 또는 재드롭한 볼	117
5	워터 해저드	127	11	집어올린 볼	105
6	퍼팅 그린	126	12	(수리지)	(96)

소를 잘 파악할 수 있다. 골프는 볼을 클럽으로 홀에 넣는 게임이다. 특히 볼과 관련된 재정이 압도적으로 많다는 사실을 알 수 있다. 정지된 볼이 움직인 경우(152개 등재 재정), 드롭/재드롭한 볼(117개), 집어올린 볼(105개)의 등재 재정수가 각각 100개를 넘고 있다. 플레이스/리플레이스한 볼(71개)까지 합산하면 등재 재정수가 445개에 이른다.

클레임과 분쟁이 많이 발생하고 코스 내의 장소는 워터 해저드(등재 재정수 127개)와 퍼팅 그린(126개), 벙커(119개) 등이다. 코스 위에 존재하는 불공평한 대상(Things unfair)으로서 장해물과 비정상적인 코스 상태(수리지)를 둘러싼 클레임과 분쟁이 많이 발생한다는 사실도 유추해볼 수 있다.

등재된 재정수가 가장 많은 표제어는 위원회이다. 경기를 관리하는 위원회는 클레임과 분쟁을 최종적으로 관리하게 되어 있다. 규칙 34-3의 규정대로 위원회의 재정은 최종적인 것이다. 클레임과 분쟁을 해결하는 최후의 보루로서 위원회의 역할이 크다는 사실을 반증해 주는 하나의 지표라 할 수 있다.

형평의 이념도 등재 재정수 122개로 7위를 차지하고 있다. 형평의 이념을 적용한다는 것은 분쟁의 쟁점이 규칙에 규정되어 있지 않은 상황에 대해서 재정을 내렸다는 점을 의미한다. 골프 규칙은 코스에서 발생하는 모든 사항을 규정하고 있지 않다는 반증이기도 하다. 재정할 때의 지침으로서 형평성 조항인 규칙 1-4가 중요한 역할을 하고 있다는 사실을 알 수 있다.

III. 찾아보기의 활용법

1. 찾아보기(Index)는 일종의 백과사전

앞에서도 언급한 바 있듯이 재정은 클레임과 분쟁을 해결하자는 것이다. 플레이 규칙 34개 조와 관련된 재정은 1,264개가 있다. 이 재정을 198개의 표제어에 따라 분류하여 등재해 놓은 곳이 바로 찾아보기인 것이다. 일종의 백과사전이면서 보물창고인 것이다.

〈표 11-3〉에서도 살펴볼 수 있듯이 찾아보기의 분류기준이 압도적으로 상세하다. 골프 규칙은 그룹별 주제라 할 수 있는 11개 범주를

〈표 11-3〉 골프 규칙, 재정집, 찾아보기의 분류 기준

구분	총합	분류 기준
골프 규칙	34개 조	11개 그룹별 주제
재정집	1,264개 재정	플레이 규칙의 순서(34개 조)
찾아보기	5,662개 재정	198개 표제어

기준으로 34개 조를 순서별로 분류해 놓았다. 골프규칙재정은 플레이 규칙 34개 조의 순서에 따라서 관련된 재정을 분류한 것이다. 물론 중복된 규칙(규칙 6-5의 내용이 규칙 12-2의 첫 구절에 중복되어 있는 예가 유일함)이나 재정은 없다.

재정집 찾아보기의 분류 기준은 3층 구조로 되어 있다. 큰 기준이 바로 198개의 표제어이다. 핵심용어를 포함하는 198개의 표제어 순서에 따라서 1,264개의 재정이 분류되어 있다. 바다(ocean), 해변(beach). 크로스 아웃(X-out) 볼, 업저버(observer) 등의 표제어에는 등재된 재정이 한 개뿐이어서 존재감에 의문이 들기도 한다.[47] 이와는 대조적으로 등재된 재정수가 100개가 넘는 표제어는 11개나 된다.

두 번째 분류 방법은 198개의 핵심 표제어 중 관련이 깊은 다른 핵심 표제어를 동반 수록하여 참조하도록 하고 있다. 예를 들어 볼에 어드레스, 어드바이스, 캐디, 형평의 이념(Equity), 스트로크와 거리

---

[47] 바다와 해변 모두 표제어로 등재된 재정이 하나인데 같은 재정이다. 재정 33-2a/8은 바다와 해변을 스루 더 그린으로 취급할 수 없다는 재정이다. 너무 세밀하게 분리하면 의미를 잃어버릴 수도 있음을 보여준다.

(Stroke and Distance) 등에는 참조 핵심 표제어가 없다.

이와는 대조적으로 볼에는 정지된 볼이 움직인 경우, 부적합한 볼, 교체한 볼 등 26개의 핵심 표제어를 참조하라고 수록하고 있다. 오구 (wrong ball)가 참조 표제어로는 제외되어 있어서 의아하지만, 이에 관련한 등재 재정수를 합산하여 보면 1,228개나 된다. 이러한 분류를 살펴봄으로써 규칙과 규칙 간의 상호관계 또는 재정들 간의 관련성을 파악하는 데 도움을 받을 수 있다.

세 번째는 등재된 재정들을 분류하는 방법을 들 수 있다. 표제어 "볼에 접촉(Ball Touched)"에는 7개의 재정이 등재되어 있다. 7개의 재정을 우연히(accidentally)와 고의로(purposely) 분류하여 각각 3개 와 4개씩 재정의 제목을 알파벳 순서로 수록해 놓고 있다.

표제어 "손상(Damage)"에는 33개의 재정이 등재되어 있다. 33개의 재정이 볼(3개 재정 등재), 클럽(14개), 홀(5개), 퍼트 선(2개), 로컬 룰(7개), 스파이크 마크 손상의 수리(2개) 등으로 세분하여 일목요연하 게 분류되어 있다.

지금까지 살펴본 바와 같이 재정집의 찾아보기는 198개의 표제어에 따라 해당되는 재정들을 모두 모아놓고 있다. 더 나아가서 모아놓은 재정들을 소그룹별로 분류하여 정리해 놓고 있다. 품목별로 정리해 놓은 보물창고라고 볼 수 있다. 탐사하여 활용도를 높이는 일은 결국 우리 손에 달려 있다.

2. 찾아보기의 활용 예

> 용어의 정의의 완성

골프 규칙은 3장으로 이루어져 있다. 첫 장이 에티켓이고, 둘째 장이 바로 용어의 정의(Definitions)이다. 에티켓이 골프 규칙의 정신적 반석이라면 용어의 정의는 제3장인 플레이 규칙의 뼈대인 것이다. 용어의 정의를 이루고 있는 뼈대 중 숨겨진 뼈대를 재정집의 찾아보기에서 찾아낼 수 있다.

찾아보기의 "용어(Terminology)"에는 60개의 재정이 등재되어 있다. 중복 등재된 두 개의 재정(재정 8-2a/0.5와 재정 8-2b/0.5)을 감안하면 58개의 재정들이 용어의 정의의 숨겨진 뼈대 중 한 부분을 담당하고 있음을 알 수 있다.

대표적인 예로서 "위험한 상황"이란 말의 의미(재정 1-4/11), "고정점(anchor point)"의 의미(재정 14-1b/2), "개선(improve)"의 의미(재정 13-2/0.5), "바로 그 행위에 있는(directly attributable to the specific act)"이라는 말의 의미(재정 20-1/15) 등등을 열거할 수가 있다.

이처럼 표제어 "용어"에 등재된 58개의 재정들은 골프 규칙에 등장하고 있는 단어나 문구들을 부연 설명하고 있어서 그 용어들의 의미를 분명하게 규정해 주고 있다. 특히 "살아 있는(animate)"의 의미를 설명하고 있는 재정 19-1/7을 등재하고 있는데, 재정 제목에서가 아니라 답변의 내용 속에 나오는 "스스로 움직일 수 있는(capable of voluntary movement)"이라는 짧은 구절을 집어내어 등재시키고 있는 세밀함을 보여주고 있어서 인상적이다.

용어의 정의를 완성하는 두 번째 숨겨진 뼈대는 "물건의 규칙상 취급(status of object)"이다. 등재된 재정수는 138개에 이른다. 중복 등재된 재정이 24개이다. 예를 들면 재정 5-1/4를 크로스 아웃(X-out) 볼, 중고품(Refurbished) 볼과 연습용 볼 등 3개로 분리하여 등재하고 있다. 중복 등재된 횟수를 제외하면 114개의 재정이 "물건의 규칙상 취급"이라는 표제어로 분류되어 있다.

예를 들자면 버려진 볼은 움직일 수 있는 장해물로 취급되며(재정 24-1/2) 개밋둑(Anthill)은 루스 임페디먼트라고(재정 23/5) 규정하고 있는 것들이다. 또한 안경과 쌍안경(재정 14-3/3)이나 나침반(재정 14-3/4), 전자 기기(재정 14-3/16)를 어떻게 취급할 것인가를 규정하고 있는 재정들이다. 이러한 견지에서 "물건의 규칙상 취급"에 등재된 재정 114개는 용어의 정의를 외연적으로 확장시키는 역할을 하고 있다.

재정집의 찾아보기를 탐사해 봄으로써 용어의 의미를 부연 설명하고 있거나 물건의 규칙상 취급을 규정하고 있는 재정들이 172개에 이른다는 점을 발견할 수 있었다. 총 재정 1,264개 중에서 13% 이상이 용어의 정의를 명확하게 하는 데 활용되고 있는 것이다.

개별 규칙의 종합적인 이해

플레이 규칙에 교체한 볼과 오구에 대한 규정은 규칙 15-2와 규칙 15-3에 나와 있다. 재정집에는 해당 규칙에 각각 4개와 3개 재정이 수록되어 있다. 반면에 재정집의 찾아보기에는 "교체한 볼"에 34개 재정을, "오구"에 60개의 재정들을 모아서 분류해 놓고 있음을 발견할 수 있다(〈표 11-4〉 참조).

구분	규칙집	재정집	찾아보기
교체한 볼	15조 2항	4개 재정	34개 재정
오구	15조 3항	3개 재정	60개 재정

위의 표에서도 살펴볼 수 있듯이 수록되어 있는 재정수에서 압도적인 차이가 있다. 오구를 규정하고 있는 규칙 15-3에는 3개 재정만이 수록되어 있다. 반면에 찾아보기의 "오구" 표제어에는 60개의 재정이 등재되어 있다. 중복된 8개를 제외하더라도 52개의 재정이 모아져서 분류되어 있다. 규칙 15-3을 제외하고 관련된 다른 규칙도 16개에 이른다.

예를 들어 언플레이어블 상황에서의 오구(예: 재정 28/15), 분실구 상황에서의 오구(예: 재정 27/8), 매치 플레이하에서의 오구(예: 재정 2-4/9) 등 오구와 관련된 재정들을 망라하면서 소분류를 해놓고 있다.

오구와 관련된 재정들을 모아서 공통점을 중심으로 분류를 해 놓았기 때문에 오구로 낸 스코어를 카운트해야 되는 상황도 발견해낼 수 있다. 스트로크 플레이에서 오구 플레이는 다음 티임 그라운드에서 스트로크하기 전에 그 잘못을 시정하지 않으며 경기 실격이다. 그럼에도 불구하고 면책이 되는 5가지 상황(재정 15/10, 15-3b/3, 33-7/5, 34-1b/3, 34-3/3.7)들을 찾아내어 열거하고 있다.

이렇듯이 재정집의 찾아보기는 어느 규칙과 관련된 재정들을 핵심 표제어를 기준으로 모두 모아서 다시 분류하여 놓았기 때문에 그 해당 규칙과 관련된 클레임과 분쟁들을 종합적으로 이해하는 데 결정적인 도움을 주고 있다. 반드시 탐사해야 할 보물창고라 할 수 있다.

부록

【부록 1】 Articles & Laws in Playing at Golf
(1744년 최초의 골프 규칙 13조)

1조 You must Tee your Ball within a Club's length of the Hole.
(홀에서 1 클럽 길이보다 가까운 곳에 티를 만들어야 한다.)

2조 Your Tee must be upon the Ground.
(티는 지면 위에 만들어야 한다.)

3조 You are not to change the Ball which you Strike off the
Tee. (티에서 볼을 쳐낸 후부터는 볼을 바꿔서는 안 된다.)

4조 You are not to remove, Stones, Bones or any Break Club
for the sake of playing your Ball, Except upon the fair
Green/& that only/within a Club's length of your Ball.
(페어그린 위에서 볼의 위치로부터 1 클럽 길이보다 가까운 곳에
있는 경우를 제외하고 돌이나 동물의 뼈나 클럽의 부서진 조각
등을 볼을 치기 위해서 옮겨서는 안 된다.)

5조 If your Ball comes among Watter, or any Wattery Filth, you
are at liberty to take out your Ball & bringing it behind the
hazard and Teeing it, you may play it with any Club and
allow your Adversary a Stroke for so getting out your Ball.
(만약 볼이 물이나 습지에 들어가 버렸을 경우 볼을 꺼내어 그
해저드의 뒤로 가지고 가서 그 볼을 티업하고 어떤 클럽으로도
플레이할 수 있다. 단, 볼을 꺼낸 것에 대하여 상대편 경기자에게
1 타를 양보한다.)

6조 If your Balls be found anywhere touching one another, You
are to lift the first Ball, till you play the last.
(만약 볼이 붙어 있으면 뒤의 볼을 칠 때까지 앞에 있는 볼은
집어 올리지 않으면 안 된다.)

7조 At holling, you are to play your Ball honestly for the Hole,
and, not to play upon your Adversary's Ball, not lying in
your way to the Hole.
(홀에 넣을 때 볼은 정직하게 치지 않으면 안 된다. 홀에 향하는
데 방해가 되지 않는 위치에 있는 동반 경기자의 볼에 맞혀서는
안 된다.)

8조 If you shou'd lose your Ball, by its being taken up, or any
other way, you are to go back to the Spot, where you struck
last & drop another Ball, And allow your Adversary a Stroke

for the misfortune.

(볼이 없어지든가 또는 다른 이유로 볼을 잃어버렸을 경우는 최후
로 친 지점으로 되돌아가서 다른 볼을 드롭하여야 한다. 단, 그러
한 불운에 대하여 상대편 경기자에게 1 타를 양보한다.)

9조 No man at Holing his Ball, is to be allowed, to mark his
way to the Hole with his Club or, any thing else.
(클럽이나 다른 무엇을 써서라도 홀에 볼을 넣을 때에 홀에 이르
는 선에 표지를 해서는 안 된다.)

10조 If a Ball be stopp'd by any person, Horse, Dog, or any
thing else, The Ball so stop'd must be play'd where it lyes.
(만약 볼이 사람, 말, 개 또는 다른 무엇인가에 의해서 정지되었
을 경우는 그 위치에서 볼을 쳐야 한다.)

11조 If you draw your Club, in order to strike & proceed so
far in the Stroke, as to be bringing down your Club; if then,
your Club shall break, in any way, it is to be Accounted
a Stroke.
(스트로크할 때 클럽을 끌어 올리고 나서 볼을 치기 위하여 클럽
을 내려쳤을 때에는 그 클럽이 어떤 상태로든 파손되었다 할지
라도 그것은 1 스트로크로 쳐야 한다.)

12조 He, whose Ball lyes farthest from the Hole is obliged to play first.

(홀에서 가장 멀리 볼이 있는 사람이 먼저 플레이하여야 한다.)

13조 Neither Trench, Ditch, or Dyke, made for the preservation
of the Links, nor the Scholar's Holes or the Soldier's Lines,
Shall be accounted a Hazard; But the Ball is to be taken
out/Teed/ and Play'd with any Iron Club.

(골프장의 보호를 위해서 만들어진 수로나 도랑, 배수구나 스콜
라즈 홀이나 군대의 참호는 해저드로 간주하지 않는다. 그러나
이러한 곳에 들어간 볼은 꺼내서 티엽하고 어떤 아이언 클럽으로
플레이하여도 된다.)

_John Rattray, Capt

* 출처: http://www.ruleshistory.com/rules1744.html(우리말 번역은 첨부한 것임)

【부록 2】 간략하게 살펴본 골프 규칙의 역사*

I. 골프 규칙의 탄생

어떤 운동종목이든지, 그 창시자와 발상지가 기록으로 전해지고 있다. 골프는 예외다. 골프는 어디에서 어떻게 시작되었는지에 관해서 정확한 기록이 전해지지 않는 유일한 종목이다. 다만 스코틀랜드 지방에서 1400년대 무렵에 시작되었다는 주장이 통설로 인정되고 있을 뿐이다.

E. H. Carr가 지적하고 있는 바와 같이 "역사는 과거와 현재 간의 계속되는 대화"[1]일 수밖에 없다. 오늘은 어제 때문에 존재할 수 있으며, 오늘날의 모습은 과거의 흔적을 담고 있다. 과거의 흔적들이 270년이 넘는 세월 동안 부침을 하면서 끊임없이 변화해 왔다면 더욱 세심하게 과거의 행적을 살펴봐야 한다. 270년이 넘는 세월 속에서 진화를 거듭해 온 골프

---

* 이 글은 최진하, "골프규칙재정에 적용된 형평성 조항의 사례분석"(용인대학교 체육과학대학원 석사학위 논문: 2014년 6월), pp.9-20을 수정하여 전재한 것임.
1 E. H. Carr, *What is History* (London: Penguin Books, 1990), p.30.

규칙의 역사는 세계 최초로 성문화된 1744년의 골프 규칙을 살펴보는 것으로부터 출발해야 한다.[2]

1. 세계 최초의 골프 규칙

세계 최초로 문서로 기록된 골프 규칙은 리스(Leith)에서 개최된 골프대회를 진행하기 위해 1744년 에딘버러 신사골프회[The Gentlemen Golfers of Edinburgh, 후에 에딘버러 골프협회(The Honourable Company of Edinburgh Golfers; 이하에서 HCEG)가 되었음]에서 제정한 13조의 골프 규칙이다. 이 골프 규칙은 수백 년 동안 소실된 것으로 간주되어 왔다. 1937년에 에딘버러 골프협회의 회의록 말미에서 13조의 골프 규칙과 그 당시의 캡틴이었던 John Rattray의 서명을 발견함으로써[3] 세상에 알려지게 되었다.

이렇게 세상에 알려지게 된 13개 조의 골프 규칙은 리스의 5개 홀 코스에서 10명이 참가하여 개최된 1744년 4월 2일의 골프경기를 위해 1744년 3월 7일에 제정된 규칙이다. 이 규칙을 이해하기 위해서는 이 당시의 골프코스는 자연 상태에 가까운 코스였으며, 홀과 페어웨이의 구분이 거의 없었던 코스였고, 클럽은 우드 클럽이 주종이었으며, 볼은 클럽보다 비싼 깃털 볼을 사용하고 있었다는 사실을 염두에 두어야 한다.

---

2 같은 해에 크리켓에 관한 일반규칙이 최초로 제정되었고, 최초의 경마규칙과 복싱규칙은 1743년에 만들어졌다. Tony Collins는 18세기 이후 영국에서 법치주의와 상업주의의 대두와 더불어 중산층의 발달을 스포츠 규칙이 제정되기 시작한 주요한 원인으로 지적하고 있다. Tony Collins, *Sports in Capitalist Society: A Short History* (New York: Routledge, 2013), p.7 참조.

3 http://www.scottishgolfhistory.net/rules-of-golf.htm

〈부록 1〉1744년의 최초의 골프 규칙 13조에서 살펴볼 수 있는 바와 같이, 1조와 2조는 티잉 그라운드와 관련한 규칙이다. 홀에서 1 클럽 길이 이내에서 티업한다는 사실이 신기하다. 이 당시에는 모래를 한 줌 집어서 지면 위에 쌓아 놓고 그 위에 볼을 올려놓고 티샷했다. 3조는 볼 교체 규정이고, 4조는 루스 임페디먼트의 제거 조항이다. 5조는 워터 해저드 조항인데, 1 벌타를 받게 되면 어떤 클럽으로도 플레이할 수 있었다.

6조는 볼을 집어 올릴 수 있는 경우에 대한 조항인데, 접촉하고 있지 않으면 볼을 집어 올릴 수 없었다. 나중에 살펴볼 Stymie를 둘러싼 이견도 이 조항과 7조 때문이다. 8조는 분실구 처리조항이고, 9조는 퍼팅 선을 표시해선 안 된다는 규정이다. 10조는 국외자와 럽 오브 더 그린 조항이고, 11조는 다운 스윙이 시작되면 일단 1 스트로크를 한 것으로 간주한다는 규정인데, 상당히 명료하고 정확하다. 12조는 원구선타의 원칙이다. 당시는 주로 매치 플레이 경기였기에 중요한 규칙이었을 것이다.

13조는 오늘날의 비정상적인 코스 상태와 유사한 규정이다. 해저드는 아닌데 구제받고 있다. 한 가지 재미있는 점은 아이언으로 플레이해야 된다고 규정하고 있다는 사실이다. 이 당시의 아이언 클럽들은 위기 탈출 용이었기에 볼을 쳐도 멀리 날아가지 않았다. 무엇보다도 비싼 훼더리 볼을 손상시킬 가능성이 커서 사용하기를 꺼리는 클럽이 바로 아이언이었다. 그러므로 구제는 받되 아이언으로 플레이하라는 규정은 반 타의 벌타와 같은 효과를 갖는다고 보아야 한다. 재미있는 규칙이다.

2. 출발점으로서의 13조 골프 규칙의 의의

1984년 스코틀랜드 에딘버러 시가 리스 링크스 코스가 있었던 공원에

조그만 기념비를 세우면서, "13조의 규칙은 현대 골프 게임을 위한 초석이 되었다"고[4] 적었다. 이 기념비에 새긴 비문처럼, HCEG의 골프 규칙 13조는 다른 골프 클럽들이 자체적으로 규칙을 마련하는 데에 있어서 기초가 되었다.

10년 뒤인 1754년에 세인트 앤드루스 골프회(The Golfers at St Andrews, 후에 R&A가 됨)에서도 자체의 골프경기를 위해서 13개 조와 거의 유사한 골프 규칙을 독자적으로 채택하였다. 에딘버러와 애버딘의 다른 골프 클럽들도 독자적인 골프 규칙을 제정하여 자체 골프 경기에 적용하고 있었다. 골프 규칙이 최초로 성문화되었던 1744년부터 1800년대 중반까지 골프 클럽들이 각자의 고유한 골프 규칙을 제정하여 사용하는 풍토가 계속 이어졌다.

티잉 그라운드에 관한 규칙, 국외자에 의해 볼이 멈추면 그 상태대로 플레이해야 한다는 규칙과 볼 교체에 관한 규칙은 이견이 없이 받아들여졌다. 차이가 나는 규칙들은 분실구나 해저드 처리시에 벌타를 부과하는냐의 여부, 루스 임페디먼트를 제거할 수 있느냐의 여부, Stymie를 허용하느냐의 여부 문제였다. 특히 7조를 둘러싼 이견이 많았다. 어느 골프 클럽은 소위 Stymie(홀과 상대방의 볼 사이에 자신의 볼을 위치시키는 행위)를 허용하느냐의 여부를 놓고 갈등을 겪다가 각각의 캡틴을 선출하여 두 개로 쪼개지기도 하였다.

영국 내의 골프 클럽들 중에서 선도역할을 하는 두 골프 클럽이 바로 1744년에 13조 규칙을 최초로 제정한 HCEG와 1754년에 이와 유사한 규칙을 채택한 R&A였다. 두 골프 클럽들의 골프 규칙은 대동소이 하였음

---

4 박종업, 『골프 룰 그 역사와 해석』(서울: 스윌컨, 2001), p.12에서 재인용.

에도 불구하고, 19세기 후반기부터 영국 내의 대부분의 골프 클럽들은 HCEG나 R&A와 유대관계를 맺어 골프 규칙을 채택하기 시작하였다.

II. R&A와 골프 규칙의 역사

1. 왜 R&A인가?

HCEG와 R&A의 선두 경쟁은 전영 오픈 골프대회 (The Open Cham- pionship)에서도 그대로 반영되고 있었다. Prestwick 와 St Andrews에서 개최된 대회에서는 R&A 골프 규칙이 적용되었으나, Musselburgh에서 개최된 대회(1874년, 1877년, 1880년)에서는 HCEG 골프 규칙이 적용되었던 것이다. 하나의 대회인데 적용되는 규칙은 두 개이다 보니, 적용되는 규칙을 하나로 통일하자는 열망도 커져갈 수밖에 없었다.

영국에서 골프 클럽들은 19세기 후반 무렵부터 급속도로 증가하기 시작하였다. 1860년 36개, 1870년 58개이던 골프 클럽은 1890년에는 500개로 늘어났으며, 1900년에 1,500개, 1910년에는 2,500개로 급증하였다(〈표 1〉 참조). 동시에 R&A 앞을 포함하여 영국 전역에 기차선로가 설치되면서 골퍼들의 왕래가 용이해졌고, 골프 클럽 간의 골프대회도 빈번하게 개최되

〈표 1〉 영국 내 골프 클럽의 증가 추이(1860년~1910년)

연도	1860년	1870년	1890년	1900년	1910년
골프 클럽 수	36개	58개	500개	1,500개	2,500개

* 출처: http://www.ruleshistory.com/pre-1899.html에서 요약 정리

었다. 이러한 과정에서 모두에게 적용되는 골프 규칙의 필요성도 증대하게 되었다.

두 선두 골프 클럽 중, HCEG가 1830년대 초기에 재정 위기에 봉착하여 파산위기에 몰렸던 반면에, R&A는 윌리엄 4세 국왕의 후원을 받게 되어 Royal and Ancient라는 칭호를 부여받게 되어 경쟁에서 한발 앞서 나가게 되었다. 결정적으로 HCEG가 1883년에 R&A 규칙을 채택하여 적용하기로 결정함으로써, 이후 대다수 골프 클럽들이 R&A 규칙을 채택하였다.

1896년 전영 아마추어 챔피언십 대회에서 전국의 골프 클럽 대표들은 R&A에 골프 규칙에 관한 관할권을 부여하기로 결정하였으며, 이에 따라 R&A에 골프규칙위원회를 1897년에 설립하고, 그 2년 뒤인 1899년에 영국 전역에 통용되는 골프 규칙을 제정하였다.

1899년 R&A가 제정한 골프 규칙은 1900년에 USGA에서도 채택하였는데, 이후 50여 년 동안 그 해석을 달리하면서 독자적으로 규칙을 적용하여 왔으나, 1952년 USGA와 R&A가 단일 규칙집을 발간하면서 공동으로 세계의 골프 규칙을 관장해 오고 있다. 이와 같은 역사적 과정을 거쳐서 R&A는 골프 규칙의 역사에서 알파와 오메가가 되었다.

R&A를 골프의 고향(Home of Golf)이라고 지칭할 정도인 바, 이는 R&A가 메이저 대회로 가장 유서가 깊은 영국 오픈 대회를 주관하고 있고, 골프 규칙에 관련해서는 USGA와 함께 최종 관할권을 갖고 있기 때문이다.

2. 왜 골프는 18홀이 1라운드가 되었나?

영국에서 골프코스들은 홀의 개수가 상이하였다. 13조의 골프 규칙이 태동한 리스 링크스 코스는 5홀이었고(후에 2개 홀 추가), Musselburgh는

7홀(후에 2개 홀 추가), Montose는 7홀로 조성되었으나 1866년에 25홀 규모로 확대되었다.

세인트 앤드루스의 올드 코스는 1764년까지 12홀이었다. 10개 홀은 두 번 플레이했기 때문에 클럽하우스에서 나가며(out) 11개 홀, 클럽 하우스로 들어오며(in) 11개 홀을 플레이하게 되어 있어서 22홀이 1라운드였다.

1764년에 첫 4개홀을 2개 줄여 10개홀로 만들었으며, 그중 8개 홀을 두 번 플레이하게 되어 있어서 18홀 플레이가 1라운드가 되었다. 1857년에 한 그린을 함께 사용하던 8개 홀에 정규 홀을 만들어서 정상적인 18홀로 조성하였고, 1858년부터 18홀 플레이로 1라운드 경기가 진행되기 시작하였다.5 그렇다고 하여서 18홀 1라운드 경기가 정착된 것은 아니었다. 다만 R&A 코스에서 18홀로 1라운드 경기가 진행되고 있다는 사실이 R&A의 영향력과 맞물려서 전파되고 정착되는 계기가 마련되었다고 볼 수 있겠다.

전영 오픈 골프대회는 1872년부터 Prestwick(12홀), St Andrews(18홀), Musselburgh(9홀)의 세 코스에서 번갈아 가면서 개최되었다. 36홀 경기였기에 Prestwick에서는 3라운드, St Andrews에서는 2라운드, Musselburgh에서는 4라운드로 진행되었다. 라운드를 통일할 필요성이 커짐에 따라서 1882년 Prestwick이 18홀로 확장하였고, Musselburgh는 별도로 조성된 Muirfield 골프 코스를 18홀로 조성하여 세 개의 코스가 모두 18홀이 되었고, 이후 18홀 골프 코스가 대세가 되었다.

R&A가 1897년부터 영국의 골프 규칙을 관장하기 시작하고, 1919년 전영 오픈을 단독으로 주관하기 시작했을 당시에도 영국의 골프코스 중 절반 정도가 9홀 코스였다는 사실을 감안하면 18홀 플레이가 1라운드가

---

5 http://www.scottishgolfhistory.net/eighteen_hole_round.htm 참조.

된 것은 역사의 우연(an accident of history)이라고 볼 수도 있으나, R&A의 영향력이 초래한 결과물이라고도 볼 수 있다.

1933년에 18홀 경기가 매치 플레이의 기본이 되었으며, 1950년에 정규 라운드(a stipulated round)라는 용어가 규칙에 처음으로 포함되었다. 정규 라운드의 홀수는 18홀이다.

III. 주요 골프 규칙의 변천사

1. 골프 규칙의 역사에 있어서 시대 구분

K. Chapman은 골프 규칙의 역사를 4단계로 시대 구분하고 있다.[6] 첫 번째 시대가 100년간(1750년~1850년) 지속된 수용의 시대(the period of adaptation)이다. 1744년 최초의 성문 규칙이 HCEG에 의해서 탄생하고, 이와 유사한 규칙을 1954년 R&A가 발표한 이래로 영국 각지의 골프 클럽들은 두 클럽의 규칙을 그대로 채택하거나 변형한 형태로 수용하여 왔다. 두 클럽 간의 선두권 다툼이 R&A의 승리로 귀결된 1950년까지 이 시대도 지속되었다.

두 번째 시대는 통합의 시기(the period of consolidation)로 R&A에 의해서 영국 전역에 통용되는 규칙이 1999년 9월 26일 발표된 시점까지 지속된 50여 년간의 시대이다. 철도확장과 산업혁명에 힘입어 1980년대와

---

6 Kenneth G. *Chapman, The Rules of the Green: A History of the rules of Golf* (London: Virgin Books, 1997), pp.21-37 참조.

90년대에 골프 붐이 일어났던 시기이기도 하다.

세 번째 시대는 분화의 시기로(the period of divergence) 1900년부터 1950년까지의 50년간이다. USGA는 1900년 2월에 R&A규칙을 채택하였으나 이후로 말레 퍼터, 스틸 샤프트 인정 여부, 스타이미 인정 여부, OB 벌타 문제 등으로 갈등이 격화되어 왔으며, 골프라는 게임이 두 개의 다른 규칙으로 플레이될 상황을 염려하던 시기였다.

마지막 시대는 1951년 이후 현재까지로 단일화의 시기(the period of uniformity)이다. 이 시기에 R&A와 USGA는 갈등을 봉합하고 1952년에 전 세계를 관장하는 단일 골프 규칙을 발표하였다. 이러한 발전 과정을 거쳐서 전 세계는 똑같은 규칙으로 똑같은 골프경기를 즐길 수 있게 되었던 것이다.

R&A와 USGA는 골프 규칙의 역사에서 기념비적인 해로 1744년(세계 최초의 골프 규칙 탄생), 1952년(전 세계에 통용되는 단일 규칙 발표), 1984년(34개 조로 재편성된 현재의 규칙 발표)을 꼽고 있다.[7] 개인적으로는 R&A가 영국 전역에 통용되는 골프 규칙을 제정한 1899년도를 추가해야 한다고 생각한다.

이러한 역사를 통하여 골프 규칙은 단 하나의 골프 코스에만 적용되는 규칙에서 영국 전역으로, 세계의 모든 국가들에도 똑같이 통용되는 골프 규칙으로 발전하여 왔던 것이다.

다음에서는 티잉 그라운드, 퍼팅 그린, 골프 클럽과 볼에 관한 규칙의 변천 과정을 간략하게[8] 살펴보기로 하자.

---

7 위의 책, p.ix. R&A와 USGA의 공동 서문 참조.
8 http://www.ruleshistory.com에서 요약 정리.

2. 티잉 그라운드와 관련된 규칙의 변화

1744년의 13조 규칙에서 티잉 그라운드는 1조와 2조에서 규정하고 있다. 방금 홀아웃한 홀에서 한 클럽 길이 이내에 설치해야 하는 것이 바로 티잉 그라운드였다. 모래로 티를 조성하여 그 위에 볼을 올려놓고 플레이했던 관계로 홀 주변에는 모래통, 물통과 수건이 비치되어 있었다. 모래를 한 웅큼씩 쥐어내어 지저분해진 손을 닦기 위함이었다.

HCEG는 1775년에 한 클럽 길이를 2개에서 4개 클럽 길이로 확대하였고, R&A는 1851년에 4~6개 클럽 길이로, 1858년에는 6~8개, 1875년에 8~12개 길이 이내에 티잉 그라운드를 설치하고 플레이해야 한다고 규정하면서 처음으로 티잉 그라운드와 마커(markers)라는 용어를 사용하였다. 1891년의 규칙에서는 직사각형 모양의 티잉 그라운드 개념이 규정되어, 이 직사각형을 넘어가는 곳에서는 티업할 수 없다고 정의하였다.

따라서 티잉 그라운드 밖에서 친 볼은 매치 플레이에서는 다시 치라고 요구할 수 있는 권리(the option to recall the stroke) 규정이 있었고(1891년 규칙), 스트로크 플레이에서는 실격이라고 규정하였다(1899년 규칙). 실격은 가혹한 벌칙이었기 때문에 1908년 규칙에서는 1 벌타 부과하고 다시 쳐야 한다고 규정되었고, 1980년 규칙에서 현재와 같이 2 벌타 부과하고 다시 쳐야 하며, 이를 정정하지 않으면 실격이라고 규정하였다.

티잉 그라운드에서 가장 먼저 플레이하는 플레이어를 아너(Honour; 1882년까지는 특권(the Privilege)이라고 불렸음)라고 하는데, 아너는 제비뽑기(lot)로 결정하거나, 그 클럽의 캡틴이나 회원 중 연장자에게 주어졌다. 전 홀의 승자에게 아너를 주는 관습은 1828년에 처음으로 나타났고, 1875년에 HCEG와 R&A의 규칙에 규정되었다.

3. 퍼팅 그린과 관련된 규칙의 변화

퍼팅 그린은 "… 퍼팅을 위하여 특별히 마련된 장소 …"라고 정의된다. 1744년의 13조에서도 살펴볼 수 있듯이 그 당시의 퍼팅 그린은 코스의 다른 부분과 구분되지도 않았고 특별히 준비된 장소도 아니어서, "hole green"이나 "table-land"라고 불렸다. 1812년 규칙에 "putting green"이라는 용어가 처음으로 등장하였고, 1882년 규칙에 홀로 부터 20야드 이내 지역을 퍼팅 그린이라고 정의하고 있다. 1952년 규칙에 현재와 같은 정의로 규정되었다.

1888년 규칙에 의해서 퍼트 선에 접촉하거나 상대방의 볼이 움직이는 상태에서는 퍼트할 수 없다고 규정되었고, 1891년 규칙에 의해서 홀의 크기가(직경 4.25인치, 깊이 4인치 이상) 표준화되었다. 깃대(the Flagstick)라는 용어는 1875년에 처음으로 언급되었으나, 그 이전부터도 사용되고 있었을 것으로 추정되며, 1882년 규칙에 의해서 볼이 홀로부터 20야드 이내에 놓여 있을 때에는 깃대를 제거해야 한다고 규정하여, 이에 대한 위반에 대해 1 벌타를 부과하였다. 1908년 규칙은 깃대를 맞추면 2 벌타를 부과하고 있다.

홀의 에지에서 떨어지려는 볼은 1899년 규칙에는 시간제한이 없어 마냥 쳐다볼 수 있었으나, 1908년 규칙에는 지체없이(without delay) 플레이하는 것으로, 1964년 규칙에는 2~3초로, 1984년부터 현재처럼 홀까지 걸어간 후 10초 동안 기다릴 수 있다고 규정되었다. 1950년 규칙에는 이에 대한 위반은 1 벌타였고, 1952년 규칙은 2 벌타였다가 1988년 규칙에서 1 벌타로 축소되었다.

초기 규칙에서 쟁점이 돼왔던 규칙이 바로 Stymie였다. 스타이미 상황이란 상대방의 볼이 플레이하려는 볼과 홀 사이에 놓여 있는 경우를 말한다. 이러한 상황에서는 그 볼을 돌아가게 플레이하거나, 그 볼 위로 날아가게 플레이할 수밖에 없었다. 즉, 한 타를 손해보게 될 가능성이 높아졌던 것이다. 방해되는 볼을 치더라도 벌타는 없었으나, 상대방은 자신의 볼을 원위치시키거나 움직여서 멈춘 곳에서 플레이할 수 있는 선택권이 부여되었다. 따라서 자신의 볼이 상대방의 볼에 맞아서 홀 인 되면 홀 아웃한 것으로 간주되었다. 현재의 상식으로 보자면, 상당히 재미있는 규칙이다.

1744년의 최초의 규칙에서 접촉하고 있는 볼은 집어 올릴 수 있다고 규정하였다. 따라서 그 이외의 볼은 집어 올릴 수 없었고, Stymie라는 개념도 자동적으로 생겨나게 되었다. HCEG의 1775년 규칙에서 6인치 이내의 볼은 집어 올릴 수 있다고 규정하였으나, 1812년 R&A 규칙은 퍼팅 그린에서 6인치 이내라도 볼이 퍼팅 선상에 있지 않는 한 집어 올릴 수 없다고 규정하였다. 200여 년 동안 존속되며 갑론을박되던 Stymie 규정은 1952년 전 세계적으로 삭제되었으며, 1984년 규칙에 스루더 그린에서도 방해되거나 원조가 되는 볼은 집어 올릴 수 있다고 규정되었다. Stymie의 흔적은 퍼트한 볼이 상대방의 볼을 맞추게 되면 2 벌타의 벌타를 부과하는 현재의 규정에 고스란히 아직도 남아 있다.

4. 골프 클럽과 볼에 관련된 규칙의 변화

골프는 골프 클럽이 없으면 칠 수 없는 경기이다. 그럼에도 불구하고 1908년 이전까지 클럽에 대한 규정이 전혀 없었다. 1908년에 와서야 처음으로 클럽의 형태와 제조에 관한 규제가 도입되었으며, 스프링과 같은 기계적인 고안품(mechanical contrivance)이 금지되었다. 1910년에는 헤드

중앙부분에 샤프트를 장착한 퍼터가 규제되었고, 말레(mallet) 퍼터도 규제되었다. 1952년 규칙에서 퍼터 샤프트는 헤드의 어느 부분에 장착해도 무방하다고 규정되었다.

1956년 규칙에서 클럽은 라운드 도중에 변형이 금지되었고, 1984년 규칙에서 샤프트의 최소 길이가 18인치(43cm)로, 2004년 규칙에서 최대 길이는 48인치(122cm), 헤드 크기는 최대 470cc로 제한되었다. 물론 퍼터는 제외되었다. 퍼터는 그립도 둥글게 하지 않아도 되고, 그립 부분이 한 개 이상이어도 무방하며, 길이도 제한이 없다.

골프 클럽과 관련한 획기적인 변화가 스틸 샤프트의 등장인데, 등장하자마자 금지되었다. USGA는 1914년부터 1924년까지 금지시켰고, R&A는 1914년부터 1929년까지 금지하였다. 금지가 해제된 이후 스틸 샤프트를 장착한 아이언 클럽들이 다양하게 등장함에 따라서, 골프 코스의 다양한 라이에서 요구되는 샷에 맞춰서 사용할 수 있도록 휴대하는 클럽의 개수가 늘어나게 되어, 그 수를 제한할 필요성이 생겼다.

USGA는 1938년 14개로 제한하였으며, R&A는 1939년에 14개로 제한하였다. 이 규칙 위반은 처음에는 실격이었으나, 매홀당 2 벌타와 매홀 패배로 변경되었으나(1956년), 이론적으로 36타의 벌칙이나 18홀 패배가 가능하게 되는 무리가 있어서 1964년 규칙에서 2홀 패배와 4 벌타로 완화되었다.

클럽의 휴대 개수가 제한된 만큼, 그 교체도 허용되었는데(1947년 규칙), 현재는 라운드 도중에 정상적인 플레이 과정에서 손상된 클럽에 한하여 플레이를 지연시키지 않는 범위에서 교체할 수 있도록 규정하고 있다. 요즈음에 들어 와서 클럽의 성능과 기능이 획기적으로 발전을 거듭하고 있어서 이에 대한 규제로 2002년에 USGA는 COR(coefficient of restitution)을

0.83으로 제한하였고, 이와 유사하게 R&A는 Characteristic Time을 257 microsecond로 제한하였으며, 최근에는 U자형 그루브를 금지시켰다.

한편 볼에 대한 규정은 1921년에 처음으로 도입되었다. 볼과 관련하여 혁명적인 변화가 1848년에 등장한 고무공인 gutta-percha였다. 이 이전까지 주로 훼더리 볼(the featherie)이 사용되었는데, 크기와 무게 등 전혀 규제가 없었다. 이 훼더리 볼은 하나의 클럽보다 비쌌으며, 이 볼을 훔쳤다는 죄목으로 어느 소년이 교수형에 처해지기도 했다. 고무공의(a guttie) 등장으로 전영 오픈 경기의 평균 타수가 3타나 줄어들었으며, 1898년에 등장한 하스켈(Haskell) 볼의 등장으로 1902년 평균 78.5타가 이후에 75.1타로(1902~1926년 평균) 3타 이상이 줄어들었다.

1921년에 볼의 무게와 크기가 각각 1.62oz와 1.62인치로 규제되었다. 미국에서는 좀 더 큰 볼이 선호되어 1.68인치 볼이 사용되다가, 1990년에 R&A에서도 이 볼이 공인되었다. 현재 이 볼이 전 세계적으로 사용되고 있다. 볼 위치를 탐지할 수 있는 소형의 기계장치를 볼의 내부에 장착한 볼이 1973년 등장하였으나, 즉시 금지되었다. 1984년 규칙에서 볼의 비거리가 280야드(6% 오차 허용)로 규제되었다가, 2004년 규칙에서 그 거리가 320야드로 늘어났다.

참고문헌

대한골프협회. 2012. 『골프규칙 2012-2015』. 파주: 대한골프협회.

_____. 2016. 『골프규칙 2016-2019』. 파주: 대한골프협회.

_____. 2014. 『골프규칙재정 2014-2015』. 파주: 대한골프협회.

_____. 2016. 『골프규칙재정 2016-2017』. 파주: 대한골프협회.

로버트 브라우닝, 박종업 역. 2012. 『골프의 역사』. 서울: 스윌컨.

박종업. 2001. 『골프 룰 그 역사와 해석』. 서울: 스윌컨.

최진하. 2014. "골프규칙재정에 적용된 형평성 조항의 사례분석." 용인대 석사학위 논문.

Browning, Robert. 1955. *A History of Golf: the Royal and Ancient Game*. London: J. M. Dent & Sons.

Carr, E. H. 1990. *What is History?* London: Penguin Books.

Chapman, Hay. 1922. *Law of the Links: Rules, Principles and Etiquette of Golf*. Nabu Public Domain Reprints.

Chapman, Kenneth G. 1997. *The Rules of the Green: A History of the*

Rules of Golf. London: Virgin Books.

Collins, Tony. 2013. *Sport in Capitalist Society: A Short History*. New York: Routledge.

Concannon, Dale. 1995. *Golf: The Early Days-Royal & Ancient Game from Its Origins to 1939*. London: Salamander Book.

Dey, Joseph, Jr. 1953. "Some principles behind the Rules of Golf." *USGA Journal and Turf Management* (Feb. 1953), pp.13-16.

Palmer, A. 2004. *Playing by the Rules*. New York: Atria Books.

R&A. 1997. *Golf: A Celebration of 100 Years of the Rules of Play*. London: Macmillan.

_____. 2009. *Guidance on Running a Competition*.

_____. 2011. *Golf Rules Illustrated*. London: Hamlyn.

_____. 2012. *Rules of Golf 2012-2015*.

_____. 2013. *Decisions on the Rules of Golf 2014-2015*. London: Hamlyn.

_____. 2015. *Decisions on the Rules of Golf 2016-2017*. London: Octopus Publishing Group.

_____. 2016. "A Brief Guide to the Local Rule for Temporary Immovable Obstructions"(www.randa.org).

_____. 2016. "A Guide to the Rules on Clubs and Balls"(www.randa.org).

_____. 2016. *Rules of Golf 2016-2019*.

Robertson, James K. 1984. *ST. Andrews: Home of Golf*. Edinburgh: Macdonald Publishers.

Rutter, Hadyn M. 2000. *The Golf Rules Dictionary*. Northwich: Golf Links Publishing.

Scharff, Robert, ed. 1970. *Golf magazine's Encyclopedia of Golf*. N.Y.: Harper & Row.

Stirk, David. 1998. *Golf: Histoy & Tradition 1500-1945*. Ludlow: Excellent Press.

Tobert, Michael. 2012. *Pilgrims in the Rough: An Unreliable History of St Andrews*. Edinburgh: Luath Press Limited.

Tufts, Richard S. 2015. *The Principles Behind the Rules of Golf* (3rd Edition). N.J.: USGA.

USGA. 2012. *How to Conduct a Competition*.

_____. 2015. "A Conversation about the Rules of Golf 2016-2017" (https:university.usga.org).

www.randa.org

www.ruleshistory.com

www.scottishgolfhistory.net

www.throughthegreen.org

www.usga.org

찾아보기

인용된 "재정" 찾아보기

✦ 최진하

서강대 정치외교학과와 동 대학원, 영국의 킹스칼리지런던 대학원을 수료하였다.
이후 연구·출판업계에 종사하던 중 1993년 골프에 입문하였다.
2010년 용인대 골프학과로 학사편입하여 학사 및 석사 학위를 취득하였고,
현재 박사과정 4학기 재학 중에 있다.
골프 규칙을 관장하고 있는 영국(R&A, 2014년)과 미국(USGA와 PGA 공동 개최,
2015년)의 레프리 스쿨을 모두 이수하고 두 기관으로부터 최고 등급(R&A: Pass
with Distinction, USGA와 PGA: achieved the highest level of rating)을 한국인
최초로 획득하였다.
2012년부터 대한골프협회 경기위원으로 심판 및 강연 활동 중에 있다.

▶R&A의 올드 코스 18번 홀 스윌컨 브리지 위에서

* 이 책의 내용 문의 및 강연 문의는 lavie307@hanmail.net로 연락주시기 바랍니다.